Lenin:Capitalismo de
Estado e Burocracia

978 8527304788

Coleção ELOS
Dirigida por J. Guinsburg

Equipe de realização — Revisão: José Bonifácio Caldas e Plínio Martins Filho; Programação visual: A. Lizárraga; Produção: Plínio Martins Filho.

**Leôncio Martins Rodrigues
e Ottaviano De Fiore**

Lenin: Capitalismo de Estado e Burocracia

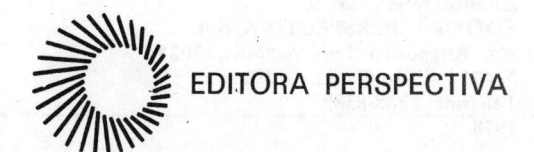

EDITORA PERSPECTIVA

© Editora Perspectiva S.A., 1978.

Direitos reservados à
EDITORA PERSPECTIVA S.A.
Av. Brigadeiro Luís Antônio, 3025
01401 — São Paulo — Brasil
Telefone: 288-8388
1978

SUMÁRIO

Introdução 7

1. Lenin e a Economia Soviética 11
   Período do "Comunismo de Guerra" 13
   A Economia Soviética Durante a NEP 17
   A Retomada das Idéias de 1918 20
   O Capitalismo de Estado 22

2. Lenin e o Estado Soviético 33
   A Burocracia e o Aparelho Estatal 39
   Os Comunistas e a Administração 43
   Causas da Burocracia 45
   Igualitarismo versus Eficiência 48
   Revolução Cultural e a Ciência Burguesa 51
   A Natureza do Fenômeno Burocrático 55
   A Luta Contra a Burocracia 58

INTRODUÇÃO

Este trabalho trata dos escritos de Lenin sobre a sociedade soviética, mais especificamente sobre os problemas relacionados ao que se convencionou chamar de "construção do socialismo" na Rússia. Entre os dirigentes do Partido Bolchevique, Lenin foi um dos primeiros a se preocupar com a caracterização do tipo de sociedade que resultara da Revolução de Outubro. Suas análises, durante o período que vai de maio de 1918 a março de 1923, compreendem uma parcela importante porém pouco conhecida de sua obra, envolvendo problemas relacionados às responsabilidades do Poder, à administração do Estado, à organização da economia, à burocracia, etc. Aqui pretendemos considerar apenas um aspecto dos escritos desta fase: aquele referente à interpretação da natureza da sociedade soviética, tratando mais especificamente da questão do capitalismo de Estado, no plano econômico, e da burocracia, no plano do controle do Estado. Procuramos limitar o mais possível as interpretações, remetendo o leitor diretamente aos textos de Lenin.

O problema da caracterização de uma sociedade na qual os grandes proprietários e os capitalistas tinham sido eliminados, mas que nem por isso podia ser definida como socialista, ocupará a atenção de Lenin durante todo o transcorrer dos anos difíceis da organização do novo Estado, da guerra civil e da ruína econômica. Entretanto, suas observações encontram-se dispersas em numerosos trabalhos, que começam mais particularmente com o folheto *O Infantilismo Esquerdista e a Mentalidade Pequeno-Burguesa* (9 de maio de 1918) e terminam com o artigo "Melhor Poucos Mas Bons" (23 de março de 1923)*.

As idéias de Lenin, no período, variaram segundo as mudanças ocorridas na sociedade soviética e, especificamente, com o tipo de obstáculo e de oposição encontrado pelos bolcheviques. Assim, é possível distinguir duas fases principais nos seus escritos sobre a sociedade soviética, os quais correspondem, por sua vez, a dois momentos da política econômica bolchevique: a do "comunismo de guerra", que se inicia em meados de 1918, e a da "Nova Política Econômica" (NEP), começada em março de 1921.

Na fase do "comunismo de guerra", Lenin deixaria de lado um tipo de interpretação da sociedade soviética que havia começado com o artigo "O Infantilismo Esquerdista e a Mentalidade Pequeno-Burguesa" e que só seria retomado, de modo mais sistemático, em abril de 1921, com a obra *O Imposto em Espécie*.

Na verdade, a fase do "comunismo de guerra", imposta pelas circunstâncias, parece mais exatamente um

---

* Todas as citações são de Lenin e foram extraídas da edição em inglês das *Obras Completas*, Moscou, Progress Publishers, 1965. As palavras sublinhadas nas citações o foram no original.

desvio nas idéias básicas de Lenin, expostas na "A Catástrofe que nos Ameaça e como Combatê-la" (setembro de 1917). Enquanto *O Estado e a Revolução* (agosto de 1917) constitui uma reflexão geral e abstrata da doutrina marxista sobre o Estado e o socialismo, "A Catástrofe que nos Ameaça..." apresenta pela primeira vez o pensamento de Lenin sobre os problemas concretos da revolução na Rússia e sobre as vias de construção do socialismo.

Para *fins de exposição,* apresentamos separadamente as considerações relativas ao *regime econômico* soviético daquelas relativas à natureza do *Poder,* envolvendo a caracterização do *Estado,* os problemas da administração, da burocracia, do controle e implementação das decisões. Não é preciso enfatizar que se trata de duas questões intimamente relacionadas.

1. LENIN E A ECONOMIA SOVIÉTICA

Em maio de 1918 — sete meses depois da Revolução de Outubro, um mês antes do início da guerra civil — polemizando com os "comunistas de Esquerda" (grupo Bukharin), Lenin considerava a economia soviética como uma "economia de transição". O termo República socialista deveria ser entendido como a "determinação do poder soviético de realizar a transição para o socialismo" e não que o novo sistema econômico devesse ser "reconhecido como uma ordem socialista"[1]. Para Lenin, o socialismo requereria, como condição necessária para sua realização, um elevado desenvolvimento das forças produtivas, o que dependeria da grande indústria, com sua racionalidade e produtividade:

O único socialismo que podemos imaginar é aquele baseado em todas as lições aprendidas através da cultura capitalista em larga escala. Socialismo sem serviços postais e telegráficos, sem máquina, é uma frase vazia[2].

Encontramos, aqui, a referência aos fundamentos econômicos do socialismo, implicando a absorção da

1. «O Infantilismo Esquerdista e a Mentalidade Pequeno-Burguesa», 9 de maio de 1918, vol. 27, p. 335.
2. «Réplica ao Debate do Relatório sobre as Tarefas Imediatas», escrito entre 30 de abril e 3 de maio de 1918, vol. 27, p. 310.

tecnologia ocidental. Deste ponto de vista, o capitalismo de Estado dos alemães parece para Lenin o que há de mais adiantado em matéria de progresso material, constituindo uma via para o socialismo.

Mas, na concepção leninista, o socialismo, além de implicar uma base material superior à do capitalismo, requer a existência de um Estado forte e centralizado:

> O socialismo é inconcebível sem a grande técnica capitalista, baseada na última palavra da ciência moderna, sem uma organização planificada de Estado que subordine dezenas de milhões de pessoas ao mais estrito cumprimento de normas únicas de produção e distribuição[3].

Contudo, considerando que faltavam as bases materiais para o socialismo, como definir o sistema econômico existente na República Soviética? Lenin considerava que se tinha um regime de transição onde coexistiam "elementos, partículas, fragmentos *tanto* do capitalismo *como* do socialismo"[4]. Porém, ia mais adiante e indicava concretamente a existência das seguintes "estruturas sócio-econômicas" que existiriam na Rússia de 1918:

> 1) Patriarcal, quer dizer, uma economia camponesa natural em grau considerável; 2) Pequena produção mercantil (compreende a maioria dos camponeses que vendem seu trigo); 3) Capitalismo privado; 4) Capitalismo de Estado; 5) Socialismo[5].

Destas formações sócio-econômicas, Lenin considerava que predominava o elemento pequeno-burguês camponês:

> Está claro que num país de pequenos camponeses prevalece, e não poderia deixar de prevalecer, o elemento pequeno-burguês:

---

3. «O Infantilismo Esquerdista e a Mentalidade Pequeno-Burguesa», vol. 27, p. 339.
4. *Idem*, p. 335.
5. *Idem*, p. 335/6.

a maioria, a enorme maioria, dos que trabalham a terra são pequenos produtores de mercadorias[6].

Como dissemos, estas idéias, desenvolvidas no "Infantilismo Esquerdista...", sofrerão um eclipse de três anos, que compreende o período do "comunismo de guerra", sobre o qual ele pouco escreveu. No entanto, elas seriam retomadas de modo mais sistemático a partir de março de 1921, com o início da NEP.

PERÍODO DO "COMUNISMO DE GUERRA"

Com o início da guerra civil, em junho de 1918, começa a fase do "comunismo de guerra". São os anos da ampliação do controle estatal sobre a economia, da consolidação do poder dos bolcheviques sobre o aparelho de Estado, da eliminação da burguesia privada, do desaparecimento dos mecanismos de mercado e da moeda. No tocante ao campesinato, o período é marcado pelas requisições forçadas de cereais e pela tentativa de levar o comunismo ao campo:

> ...O primeiro órgão de poder soviético — diria Lenin em 1918 —, o Segundo Congresso Pan-Russo dos Sovietes, fez mais do que abolir a propriedade privada da terra... Ele também estipulou, entre outras coisas, que a propriedade agrícola, os animais de tração e os equipamentos que passaram para a posse da nação e dos camponeses trabalhadores devem tornar-se propriedade pública e deixar de ser propriedade privada de cada fazenda[7].

Com a introdução do "comunismo de guerra", Lenin passaria a considerar que, em meio a grandes dificulda-

---

6. *Idem,* p. 336.
7. «Discurso do Primeiro Congresso Pan-Russo dos Departamentos de Terra, Comitês e Comunas de Camponeses Pobres», 11 de dezembro de 1918, vol. 28, p. 344.

des, a Rússia avançava em direção da edificação do comunismo. Em 1919, ele afirmaria que,

> na Rússia, o trabalho está unificado de modo comunista porque, primeiro, está abolida a propriedade privada dos meios de produção e, segundo, porque o Poder do Estado proletário organiza, em escala nacional, a grande produção nas terras e nas empresas estatais, distribui a força de trabalho entre os diferentes ramos da economia e nas empresas, distribui entre os trabalhadores imensas quantidades de artigos de consumo pertencentes ao Estado[8].

Lenin não afirmava que o comunismo já estaria instalado, pois sobreviviam a pequena empresa e a propriedade camponesa, mas afirmava que se estavam dando os primeiros passos em sua direção. No setor industrial e urbano chegava mesmo a considerar que o processo estava realizado nos seus traços fundamentais:

> A organização da grande produção industrial pelo Estado, a passagem do "controle operário" para a "administração operária" das fábricas e estradas de ferro... já foram realizadas em seus traços gerais. Porém, com relação à agricultura, isto está apenas começando...[9].

Este avanço rápido em direção ao "comunismo" não estivera nos planos iniciais dos bolcheviques, que teriam preferido uma transição mais lenta, na qual um setor privado coexistiria ao lado do setor socialista. Porém, para utilizar as próprias palavras de Lenin, a burguesia teria respondido aos bolcheviques: "Nós não queremos a sua transição; nós não queremos o seu novo sistema", e desencadeado a guerra civil. Com isso, o governo so-

---

[8]. «Economia e Política na Ditadura do Proletariado», 30 de outubro de 1919, vol. 30, p. 108/9.
[9]. *Idem*, p. 109.

viético fora obrigado a avançar mais rapidamente do que desejaria em direção da completa estatização e gestão do sistema econômico. A política econômica aplicada resultou, de um lado, na liquidação da burguesia privada, através da ampliação do número de empresas estatizadas e, de outro, na eliminação dos órgãos de administração operária, através da centralização das decisões, na eliminação dos conselhos de empresa através da nomeação direta dos diretores de fábrica pelo governo.

Nesta fase, Lenin distinguiria três formas básicas de "economia social" existentes na Rússia: 1) o capitalismo; 2) a pequena produção mercantil e 3) o comunismo. Correlatamente, as forças sociais básicas seriam a burguesia, a pequeno-burguesia (particularmente os camponeses) e o proletariado[10]. A idéia do capitalismo de Estado como uma via para o socialismo, avançada nos meses que antecederam e precederam imediatamente a tomada do poder, como se percebe, é deixada de lado. Porém, a partir de 1921, com o malogro da tentativa de passagem direta para o comunismo, ele voltaria a reconhecer, durante a Nova Política Econômica (NEP), a idéia do capitalismo de Estado como uma via para o socialismo.

Economicamente, a fase do "comunismo de guerra" terminaria no mais completo desastre: em fins de 1920, a indústria soviética estava praticamente em ruínas, calculando-se que a produção fabril em grande escala não alcançasse mais de 20% do nível de 1912; a população de Petrogrado e Moscou se reduzira praticamente à metade do que fora antes da Grande Guerra; a moeda

10. «Economia e Política na Ditadura do Proletariado», vol. 30, p. 108.

desaparecera; vastas parcelas do território soviético retornavam a uma situação de economia natural.

Embora Lenin se refira, às vezes, aos êxitos econômicos do período[11], na realidade, os êxitos alcançados diziam respeito à consolidação da "ditadura do proletariado" e do controle do Poder pelo Partido. As referências ao "início da construção do comunismo" só se justificam se se toma como critério modificações operadas na natureza da propriedade e nas relações de Poder, uma vez que faltavam totalmente as "bases materiais" mencionadas seguidamente por Lenin, em outras ocasiões, como condição indispensável para o comunismo.

Os anos do "comunismo de guerra" compreendem um período de extensão e consolidação do Poder soviético, no qual as considerações militares dominam todas as demais. A maioria dos textos importantes de Lenin sobre a sociedade soviética são posteriores a 1920, quando, uma vez eliminadas as antigas classes proprietárias e a burguesia industrial, os problemas relacionados à organização da economia e à administração do Estado se colocaram de modo mais agudo.

Em começos de 1921, os bolcheviques eram inteiramente vitoriosos no plano militar; os partidos burgueses encontravam-se praticamente desmantelados; militarmente, a rebelião branca de Wrangel, Denikin, Kolchak, assim como a intervenção estrangeira, haviam sido vencidas. O Exército Vermelho transformara-se na mais poderosa força militar da Europa. Mas, por outro lado, os bolcheviques viam-se face a enorme descontentamento popular, que se expressava em sucessivas rebeliões camponesas e

---

11. *Idem*, p. 110.

que culminaram, em começos de 1921, com greves operárias em Petrogrado e com o levante dos marinheiros da fortaleza de Kronstadt, exigindo "sovietes sem bolcheviques".

Em 1922, Lenin descreveria este período com as seguintes palavras:

... em 1921, depois de ter superado a etapa mais importante da guerra civil — e de tê-la superado vitoriosamente — sentimos o impacto de uma grave — julgo que foi a mais grave — crise política interna da República soviética. Esta crise interna trouxe à luz o descontentamento de uma parte considerável dos camponeses e também dos operários. Foi a primeira vez, e espero que seja a última, que largas massas de camponeses estiveram contra nós, não de modo consciente mas instintivo[12].

A ECONOMIA SOVIÉTICA DURANTE A NEP

Neste clima, em março de 1921, o Partido Bolchevique abandona a idéia da passagem direta para o socialismo e introduz a chamada "Nova Política Econômica". Em outubro de 1921, fazendo um balanço da orientação econômica anterior, diria Lenin:

... Cometemos um erro ao decidir passar diretamente para a produção e distribuição comunista. Pensamos que através do sistema de apropriação de um excedente de alimentos, os camponeses iriam nos abastecer com a quantidade requerida de cereais que nós poderíamos distribuir nas fábricas e assim realizar a produção e a distribuição comunista (...) Tentando ir diretamente ao comunismo nós... sofremos uma derrota mais séria no fronte econômico do que qualquer derrota inflingida a nós por Kolchak, Denikin ou Pilsudski[13].

12. «Cinco Anos de Revolução Russa e as Perspectivas da Revolução Mundial», 13 de novembro de 1922, vol. 33, p. 421.
13. «A Nova Política Econômica e as Tarefas dos Departamentos de Educação Política», 17 de outubro de 1921, vol. 33, p. 62 e 63.

A partir daí, a RSFSR passava para uma política econômica de estímulo à pequena empresa, de reativação do comércio privado, de reanimação do capitalismo, de concessões ao capital estrangeiro. Na agricultura, a NEP significava principalmente a substituição das requisições forçadas de matérias-primas e víveres (especialmente de trigo) para uma política que Lenin denominaria de "imposto em espécie". Os camponeses, depois da entrega de uma parcela de sua produção ao Estado, poderiam comercializar o restante no "mercado capitalista" e obter certo lucro.

A Nova Política Econômica — dizia Lenin — significa substituir a requisição de alimentos por uma taxa; significa voltar ao capitalismo numa extensão considerável — numa extensão que nós não sabemos exatamente. As concessões aos capitalistas estrangeiros (de fato, apenas um pequeno número delas foi aceito, especialmente quando as comparamos com o número que oferecemos) e os arrendamentos de empresas aos capitalistas privados significam claramente a restauração do capitalismo, e isso é parte e parcela da Nova Política Econômica; a abolição do sistema de apropriação dos excedentes de alimentos significa permitir aos camponeses comerciar livremente o excedente da produção agrícola e tudo o mais que for deixado depois que a taxa for coletada — e a taxa representa somente uma pequena parcela do que é produzido. Os camponeses constituem uma enorme seção de nossa população e de toda economia. É por isso que o capitalismo deve crescer sobre este solo de livre comércio[14].

A NEP significava que, nos quadros de uma sociedade na qual a terra fora nacionalizada, na qual as fábricas, o sistema bancário e o comércio exterior tinham sido estatizados, o "Estado proletário" passava a estimular o livre intercâmbio de mercadorias, o lucro privado e, conseqüentemente, o enriquecimento pessoal.

14. *Idem,* p. 64/65.

É a partir da NEP que começam as reflexões mais interessantes de Lenin sobre uma sociedade na qual o partido bolchevique no Poder se propõe estimular o desenvolvimento (controlado) do capitalismo nos quadros de um sistema econômico em que a terra fora nacionalizada e os meios de produção estatizados. Agora, com a NEP, tratava-se de

> não *demolir* o velho sistema econômico-social — o comércio, a pequena economia, a pequena empresa, o capitalismo — mas sim *reanimar* o comércio, a pequena empresa, o capitalismo, dominando-os com precaução e gradualmente, e submetendo-os a uma regulamentação estatal *somente na medida* de sua reanimação (novembro de 1921)[15].

Nos inícios do ano seguinte, Lenin seria ainda mais incisivo sobre a necessidade de estimular o capitalismo.

> É indispensável arrumar as coisas de maneira que seja possível o desenvolvimento corrente da economia capitalista e do intercâmbio capitalista, porque isso é essencial para o povo. Sem eles, a existência é impossível[16].

A idéia, portanto, era permitir o intercâmbio capitalista, apesar de todos os riscos políticos aí envolvidos. A NEP é um retrocesso, dizia Lenin, um retorno ao capitalismo na medida em que o lucro, o livre intercâmbio de mercadorias, o proveito pessoal, o interesse individual passam a ser permitidos, e mesmo estimulados. É um retrocesso ante às expectativas e práticas dos bolcheviques durante os anos do "comunismo de guerra". Mas é um retrocesso em direção a que tipo de capitalismo? Em que medida poderia o capitalismo privado

---

15. «A Importância do Ouro Agora e Depois da Completa Vitória do Socialismo», novembro de 1921, vol. 33, p. 110.
16. «Relatório Político do C.C. ao XI Congresso», 27 de março de 1922, vol. 33, p. 279.

desenvolver-se nos quadros de uma economia em que os principais meios de produção se encontravam estatizados e na qual as antigas classes proprietárias desapareceram? De fato, ainda que permitindo o desenvolvimento do pequeno comércio, da pequena indústria, não era nessa direção que Lenin pretendia dirigir o capitalismo. Ele não pensava no capitalismo privado, mas no capitalismo de Estado. *Propunha uma retirada em direção ao capitalismo de Estado, considerado como um progresso em relação à situação econômica da Rússia na época e como uma via para o socialismo, embora coexistindo com ele.*

A RETOMADA DAS IDÉIAS DE 1918

No livro *O Imposto em Espécie* (escrito entre 13 e 21 de abril de 1921 e publicado em maio daquele ano), Lenin retomaria algumas idéias expostas em 1918 no "Infantilismo Esquerdista..." e deixadas de lado durante a fase do "comunismo de guerra". Voltaria a insistir na coexistência, na Rússia, das cinco formações econômicas mencionadas em 1918: 1) a economia natural; 2) a pequena produção camponesa; 3) o capitalismo privado; 4) o capitalismo de Estado; 5) o socialismo.

Os conceitos de "economia natural", de "pequena produção camponesa" e de "produção capitalista" não necessitam maiores esclarecimentos. Já não é a mesma coisa para com os conceitos de "socialismo" e "capitalismo de Estado". O elemento socialista, de acordo com Lenin, seria representado pelo setor estatal da economia, compreendendo as empresas ou setores geridos diretamente pelo Estado. Mas a definição de "capitalismo de

Estado" — que ocupará uma posição importante no seu pensamento — requer digressão mais longa.

Em setembro de 1917, Lenin caracterizava o capitalismo de Estado a partir de uma definição do Estado, enfatizando a relação entre os aspectos políticos e econômicos. O capitalismo de Estado seria uma evolução do capitalismo monopolista de Estado (Lenin utilizava então a palavra "monopolista" que abandonará posteriormente).

E que é o Estado? — perguntava. — É a organização da classe dominante; na Alemanha, por exemplo, a organização dos "junkers" e capitalistas. Por isso, o que os Plekánov alemães (Scheidemann, Lentsch, etc.) chamam "socialismo de guerra", não é, na realidade, mais do que um capitalismo monopolista de Estado em tempo de guerra, ou dito em termos mais simples e mais claros, um presídio militar para os operários e um regime de proteção militar para os lucros dos capitalistas. Pois bem, substituam esse Estado de "junkers" por um Estado *revolucionário-democrático*, quer dizer, por um Estado que acabe revolucionariamente com *todos* os privilégios, que não tema implantar revolucionariamente a democracia mais perfeita e verão que o capitalismo monopolista de Estado, num Estado verdadeiramente revolucionário, representa inevitável e inexoravelmente a marcha para o socialismo![17]

O capitalismo monopolista era entendido, então, como um avanço em direção ao socialismo na medida em que se transformava em capitalismo monopolista de Estado, pois

o socialismo não é mais do que o primeiro passo no avanço que se segue ao monopólio capitalista de Estado. Ou dito de outro modo: o socialismo não é mais do que o monopólio capitalista

17. «A Catástrofe que nos Ameaça e como Combatê-la», setembro de 1917, vol. 25, p. 357.

de Estado *aplicado em proveito de todo o povo* e que, por isso, deixa de ser monopólio capitalista[18].

E Lenin considerava que

a guerra, ao acelerar gigantescamente a transformação do capitalismo monopolista de Estado põe com *isso* a humanidade extraordinariamente perto do socialismo: tal é precisamente a dialética da história[19].

A Alemanha era apresentada como o exemplo típico de capitalismo de Estado.

Ali temos a "última palavra" da grande técnica capitalista moderna e da organização planificada, *subordinada ao imperialismo junker-burguês*. Tirem as palavras sublinhadas e ponham em lugar de Estado militar latifundiário, burguês, imperialista, *também um Estado*, porém um Estado de tipo social diferente, de um diferente conteúdo de classe, um Estado soviético, quer dizer, proletário, e obterão *toda* aquela soma de condições necessárias para o socialismo[20].

O CAPITALISMO DE ESTADO

O trecho citado, de maio de 1918, reproduz quase integralmente as idéias expostas pouco antes da tomada do Poder na "A Catástrofe que nos Ameaça..." Superado o período do "comunismo de guerra", a mesma passagem será novamente reproduzida no *O Imposto em Espécie*. Nesta última obra, a idéia de capitalismo de Estado é melhor desenvolvida. No regime soviético, Lenin distinguia quatro tipos, ou formas, de capitalismo de Estado: 1) a *concessão;* 2) a *cooperativa;* 3) a *comissão;* e 4) o *arrendamento*.

18. *Idem*, p. 358.
19. *Idem*, p. 359.
20. «O Infantilismo Esquerdista e a Mentalidade Pequeno-Burguesa», maio de 1918, vol. 27, p. 339.

O primeiro tipo se refere às concessões que o Estado outorga a capitalistas privados:

> O concessionário é um capitalista. Dirige seus negócios de maneira capitalista, com o fim de obter lucros; deseja um acordo com o Estado soviético com o fim de obter superlucros ou um tipo de matéria-prima que não poderia obter de outro modo, ou que muito dificilmente poderia conseguir[21].

Estas concessões geralmente deveriam ser dadas a capitalistas estrangeiros. A concessão, segundo Lenin,

> constitui a forma mais simples, precisa, clara e exatamente delineada, em comparação com outras formas de capitalismo de Estado dentro do sistema soviético. Temos aqui um contrato formal, escrito com o capitalismo mais culto e adiantado da Europa Ocidental. Conhecemos exatamente nossos lucros e nossas perdas, nossos direitos e nossos deveres; sabemos com exatidão o prazo pelo qual fazemos concessão; conhecemos as condições do resgate anterior ao prazo, se é que o contrato prevê esse direito[22].

Lenin considerava que tais concessões ao capitalismo internacional apresentavam muito mais vantagens e menos riscos do que as outras formas de capitalismo de Estado. Na verdade, ele preconizava aplicar os mesmos princípios da política de "concessões" do capitalismo de Estado "às demais formas de capitalismo, comércio livre, intercâmbio local", etc.[23]

A segunda forma de capitalismo de Estado considerada por Lenin é a *cooperativa*:

> Também as cooperativas são uma forma de capitalismo de Estado, porém menos simples; seu perfil é menos claro, mais confuso e, portanto, uma forma que, na prática, coloca maiores dificuldades para nosso Poder[24].

21. *Imposto em Espécie*, 21 de abril de 1921, vol. 32, p. 345.
22. *Idem*, p. 346/347.
23. *Idem*, p. 347.
24. *Idem*.

Trata-se de cooperativas de pequenos produtores, especialmente de camponeses. Lenin julgava que a cooperativa de pequenos produtores engendraria inevitavelmente relações capitalistas pequeno-burguesas:

> Liberdade e direito à cooperativa, nas condições atuais da Rússia, significa liberdade e direito ao capitalismo. Fechar os olhos ante esta verdade evidente seria tolo ou criminoso[25].

Porém, considerava que o "capitalismo cooperativo" sob o Poder soviético, era uma "variedade do capitalismo de Estado" e, como tal, "útil e vantajosa no presente momento e em certa medida"*.

Enquanto as concessões se baseariam na grande indústria mecanizada, a cooperativa se basearia na pequena indústria, manual e mesmo patriarcal:

> A concessão — esclarecia Lenin — concerne a um só capitalista ou a uma só firma, a um sindicato, a um só cartel ou truste em cada contrato de concessão em separado. A cooperativa abarca a muitos milhares, inclusive a milhões de pequenos proprietários. A concessão admite, inclusive exige, um contrato preciso e um prazo fixo. A cooperação não requer contratos completamente precisos nem prazos estritamente estabelecidos[27].

O terceiro aspecto do capitalismo de Estado (a *comissão*) era exemplificado por Lenin da seguinte maneira:

> O Estado atrai o capitalista, na qualidade de comerciante, pagando-lhe uma determinada porcentagem como comissão pela

---

* Mais tarde Lenin iria considerar o sistema cooperativo como uma forma socialista, se os camponeses fossem mais cultos «Dada a propriedade social dos meios de produção, dada a vitória de classe do proletariado sobre a burguesia, o sistema de cooperativistas é o sistema do socialismo».[26]

25. *Idem.*
26. «Sobre a Cooperação», 4 de janeiro de 1923, vol. 33, p. 471.
27. *O Imposto em Espécie*, p. 348.

venda da produção do Estado e pelo recolhimento dos produtos do pequeno produtor[28].

Finalmente, no *arrendamento*

o Estado arrenda ao capitalista industrial, uma empresa, uma exploração ou um bosque ou terreno, etc., que pertence ao Estado, sendo o contrato de arrendamento muito parecido ao da concessão[29].

É importante ressaltar que, em Lenin, o termo "capitalismo de Estado" não parece significar "empresas estatais", mas sim o que os alemães pensavam na época: o capitalismo privado funcionando sob controle do Estado. A diferença com a Alemanha em guerra era, como vimos, a natureza *política* do Estado.

A primeira forma de capitalismo de Estado, a de concessões, avançou pouco. Em março de 1922 Lenin indicava a existência de nove sociedades com participação de capital estrangeiro. No total, ele registrava dezessete sociedades mistas com capitalistas russos e estrangeiros[30].

Considerando as cinco diferentes formações econômicas existentes na Rússia antes enumeradas — economia natural, pequena produção camponesa, capitalismo privado, capitalismo de Estado e socialismo — Lenin observava que a produção camponesa era amplamente dominante e deveria desenvolver-se ainda mais com a NEP.

O imposto em espécie, naturalmente, significa que o camponês tem liberdade de dispor das sobras que lhe restam depois de pagar o imposto. Enquanto o Estado não puder oferecer ao camponês

28. *Idem*, p. 349.
29. *Idem*.
30. «Relatório Político do C.C. ao XI Congresso», vol. 33, p. 283.

produtos de fábricas socialistas em troca dessa sobra, a liberdade de comerciar com o excedente significa inevitavelmente a liberdade de desenvolver o capitalismo[31].

Nesse período, ele insistiria na necessidade de ajudar o desenvolvimento da pequena indústria, incrementar as trocas entre ela e a agricultura[32].

> Nossa pobreza e ruína são tais que não podemos restabelecer, *de um só golpe*, a grande indústria socialista estatal... Assim, é necessário, numa certa medida, ajudar a restauração da *pequena indústria*, que não requer do Estado máquinas, grandes estoques de matéria-prima, combustível e víveres, podendo imediatamente dar alguma ajuda à economia camponesa...[33].

Porém, ao mesmo tempo, Lenin insistia que o "inimigo principal" era a pequena produção, a pequeno--burguesia:

> Neste momento e neste dado período, o inimigo não é o mesmo que o de ontem... Nosso inimigo é o elemento pequeno--burguês que nos envolve como o ar e penetra profundamente nas fileiras do proletariado e o proletariado está "desclassificado", quer dizer, fora de suas bases de classe. As fábricas e as grandes empresas estão paralisadas; o proletariado está debilitado, disperso, esgotado enquanto o elemento pequeno-burguês no interior do país é apoiado por toda a burguesia internacional que ainda retém sua força em todo mundo[34].

Como conciliar a luta contra o "inimigo principal" que era o elemento pequeno-burguês com a necessidade de estimular o comércio e a pequena indústria? Este ponto não fica claro na obra de Lenin. É certo, contudo, que no conjunto das concessões que os bolchevi-

---

31. «Teses para o Relatório do PC(b) no III Congresso da I.C.», junho de 1921, vol. 32, p. 457.
32. *O Imposto em Espécie*, vol. 32, p. 352.
3. *Idem*, p. 343.
34. «Novos Tempos, Velhos Erros sob Novo Disfarce», agosto de 1921, vol. 33, p. 23 e 24.

ques são obrigados a fazer, o estímulo à pequena indústria é a que menos agrada a Lenin que vê, como a base material do socialismo, fundamentalmente a grande indústria, com sua superioridade técnica, sua racionalidade e disciplina. Ademais, parece que na "luta contra o elemento pequeno-burguês" cabe distinguir dois aspectos: um político e outro econômico.

No *plano político,* durante a NEP, como uma sorte de "compensação" para as concessões outorgadas no plano econômico ao capitalismo, foram adotadas novas medidas visando garantir para a direção do Partido Bolchevique o controle absoluto do Poder. Em março de 1921, o X Congresso do Partido aprovou, por maioria, a resolução apresentada por Lenin sobre a unidade do Partido, proibindo a existência de toda facção (no caso, especificamente, a "Oposição Operária" e a "Centralismo Democrático"). Ademais, para os membros do Partido, a resolução dificultava o debate da "linha geral do Partido" e mesmo a apreciação de sua "experiência prática"[35]. Quanto aos mencheviques e social-revolucionários, Lenin recomendava "mantê-los cuidadosamente nos cárceres ou enviá-los para Berlim..."[36]. A NEP, tal como afirmava Lenin, é uma retirada. Esta exige uma "ordem perfeita". "Nesses momentos é indispensável castigar duramente, cruelmente, sem compaixão, a menor alteração da disciplina"[37]. E Lenin propunha fuzilar os mencheviques e social-revolucionários que acusassem os bolcheviques de "retroceder ao capitalismo"[38].

35. «Projeto de Resolução sobre a Unidade do Partido», março de 1921, vol. 32, p. 243.
36. *O Imposto em Espécie,* vol. 32, p. 365.
37. «Relatório Político do C.C. no XI Congresso», março de 1922, vol. 33, p. 282.
38. *Idem.*

Politicamente, os mencheviques e os social-revolucionários, depois da derrota dos guarda-brancos, são designados como o "elemento pequeno-burguês", o inimigo principal, que cumpria combater.

No *plano econômico,* Lenin julgava que cumpria orientar a pequena produção em direção ao capitalismo de Estado:

> O capitalismo é um mal em relação ao socialismo. O capitalismo é um bem em relação ao medievalismo, em relação à pequena produção, em relação ao burocratismo vinculado à dispersão dos pequenos produtores. Posto que não temos ainda forças para realizar a passagem direta da pequena produção para o socialismo, algum capitalismo é, portanto, inevitável como resultado elementar da pequena produção e troca. Logo, devemos aproveitar o capitalismo (dirigindo-o especialmente para a via do capitalismo de Estado) como o laço intermediário entre a pequena produção e o socialismo, como um meio, um caminho e um método de incrementar as forças produtivas[39].

A reorganização da pequena indústria privada é preconizada taticamente, como uma solução imediata até que se pudesse passar para o grande capitalismo de Estado. Esta passagem deveria ser feita, não por métodos violentos e autoritários, como na época do comunismo de guerra, mas pela via reformista de incentivos de tipo capitalista, incentivos que não se baseariam sobre o entusiasmo revolucionário que Lenin louvara nos "sábados comunistas" (prestação de trabalho gratuito). Assim, dizia ele:

> ... é sobre o interesse pessoal, sobre o incentivo pessoal, com base no rendimento comercial que se deve começar a cons-

---

39. *O Imposto em Espécie*», p. 350.

truir sólidas pontes que, num país de pequenos camponeses, passando pelo capitalismo de Estado, levem ao socialismo...[40].

Lenin entendia, portanto, que o capitalismo de Estado *coexistia* com o socialismo, mas era ao mesmo tempo uma *etapa intermediária* entre o capitalismo — ou o *pré-capitalismo,* como chega a falar no *Imposto em Espécie*[41] — e o socialismo. Este trecho é importante para a compreensão do pensamento de Lenin. O capitalismo de Estado é visto como uma via, uma etapa intermediária, uma ante-sala para o socialismo:

O Capitalismo de Estado seria um passo para a frente comparado com a presente situação de nossa República Soviética[42].

Trata-se, para Lenin,

de não proibir ou bloquear o desenvolvimento do capitalismo, mas de canalizá-lo em direção ao capitalismo de Estado[43],

pois

no presente, o capitalismo pequeno-burguês prevalece na Rússia e uma *única e mesma via* o conduz tanto para o grande capitalismo de Estado como para o socialismo através de *uma única e mesma* estação intermediária chamada "contabilidade nacional e controle da produção e distribuição". Os que não compreenderam isto estarão caindo num imperdoável erro econômico[44].

O capitalismo de Estado soviético seria algo novo no mundo. Lenin sublinhava, em 1922, a dificuldade de caracterizá-lo.

O capitalismo de Estado, segundo todos os livros de economia, é o capitalismo que existe sob regime capitalista, quando o Poder estatal subordina diretamente as empresas capitalistas. Porém, nosso Estado é proletário, apóia-se sobre o proletariado, dá ao proletariado todas as vantagens políticas...

40. «Quarto Aniversário da Revolução de Outubro», 14 de outubro de 1921, vol. 33, p. 58.
41. *O Imposto em Espécie,* p. 349.
42. *Idem,* p. 330.
43. *Idem,* p. 344/45.
44. *Idem,* p. 335.

E Lenin insistia no caráter inusitado da economia soviética:

... Nenhuma teoria, nenhuma literatura analisa o capitalismo de Estado na forma em que ele existe aqui, pela simples razão que todos os conceitos usuais relacionados com este termo estão associados com a dominação burguesa numa sociedade capitalista. A nossa sociedade é uma sociedade que saltou dos trilhos do capitalismo mas ainda não encontrou novos trilhos... Nunca na história houve uma situação em que o proletariado, a vanguarda revolucionária possuísse suficiente poder político e o capitalismo de Estado coexistisse com ele[45].

Um dia depois, no discurso de encerramento do XI Congresso, Lenin voltaria a insistir, ainda mais enfaticamente, no caráter inusitado do regime econômico soviético:

Até agora ninguém poderia ter escrito um livro sobre este tipo de capitalismo porque é a primeira vez na história que temos algo semelhante. Todos os livros mais ou menos inteligíveis sobre o capitalismo de Estado que até agora apareceram foram escritos sob condições e numa situação em que o capitalismo de Estado era capitalismo. Agora as coisas são diferentes e nem Marx nem os marxistas poderiam prever isso. Nós não devemos olhar para o passado... O capitalismo de Estado é a forma de capitalismo mais inesperada e absolutamente imprevista porque ninguém poderia prever que o proletariado pudesse conquistar o Poder num dos países menos desenvolvidos do mundo e devesse primeiramente procurar organizar a produção e a distribuição em larga escala para o campesinato, e então, descobrindo que não poderia fazer isso em razão do baixo padrão cultural, devesse buscar os serviços do capitalismo. Ninguém poderia prever mas isso é um fato indiscutível[46].

E, em outra passagem:

O capitalismo de Estado que introduzimos em nosso país é de uma natureza especial. Ele não coincide com a concepção

45. «Relatório Político do Comitê Central no XI Congresso», p. 278 e 279.
46. «Discurso de Encerramento sobre o Relatório Político do CC no XI Congresso», 28 de março de 1922, vol. 33, p. 310/311.

comum de capitalismo de Estado... Nosso capitalismo de Estado difere de outros capitalismos de Estado no sentido literal do termo pelo fato de que o nosso Estado proletário possui não só a terra como também os ramos vitais da indústria[47].

No Relatório Político ao XI Congresso do Partido, Lenin tornaria a reafirmar essa mesma idéia. Referindo-se ao tipo *sui-generis* de capitalismo que se teria instalado na Rússia, diria ele:

> Este capitalismo de Estado está conectado com o Estado. E o Estado é a classe operária, é a parte mais avançada dos trabalhadores, é a vanguarda. Nós somos o Estado[48].

Vê-se que Lenin encontrava alguma dificuldade em caracterizar a nova sociedade que surgira com a Revolução de Outubro, uma sociedade que não era nem capitalista nem socialista, que "saltara dos trilhos do capitalismo, mas que não encontrara outros trilhos". No plano econômico, tratar-se-ia de um novo tipo de capitalismo, ou mais precisamente, de um novo tipo de capitalismo de Estado que se desenvolveria sob outras relações jurídicas de propriedade, com a nacionalização da terra e dos principais meios de produção e a expropriação das antigas classes dominantes. O aspecto singular desta nova formação econômica residiria na sua relação com o Estado, com um Estado de novo tipo, que não pertenceria às antigas classes possuidoras, mas à classe operária. Cumpriria, pois, investigar mais detidamente como esse Estado aparece na obra de Lenin, questão que se vincula à análise dos grupos que controlam o Poder, envolvendo o Partido e o fenômeno da burocracia.

---

47. «Cinco Anos de Revolução Russa», 15 de novembro de 1922, vol. 33, p. 427/8.
48. «Relatório Político do CC no XI Congresso», vol. 33, p. 278.

2. LENIN E O ESTADO SOVIÉTICO

A natureza do Estado soviético, na obra de Lenin, compreende a parte de mais difícil estudo. Mais do que os escritos referentes à economia soviética — ao capitalismo de Estado principalmente —, suas observações sobre o controle do sistema decisório e sobre o caráter de classe do novo Estado estão dispersas ao longo de muitos artigos, resoluções, discursos, intervenções e relatórios em congressos e conferências. Suas análises, especialmente quando se trata do problema da burocracia, variam de período para período, enquanto explicações diferentes são oferecidas para um mesmo fenômeno, sem preocupação de ordenação e sistematização. Mas não se trata apenas disso. As observações de Lenin permitem várias leituras em que vários níveis se cruzam: o da ideologia legitimadora do Poder, o da análise aparentemente desinteressada, o dos objetivos políticos implícitos ou explícitos. É possível interpretar as variações no pensamento de Lenin como resultado de sua evolução intelectual relacionada a um melhor entendimento das transformações ocorridas na sociedade soviética ou como resultado das vicissitudes das lutas políticas. Mas as diferentes leituras que sua obra permite, decorrem do fato de que existem vários Lenin que ora se completam, ora se contradizem. Há um Lenin chefe de Estado, que pensa em termos de *Realpolitik,* que é por vezes contrariado por outro Lenin, ideólogo do proletariado, que é desmistificado por outro Lenin intelectual.

Assim, por exemplo, oficialmente, o Estado soviético aparece sempre como um "Estado Operário", embora algumas vezes ele utilize também o termo "Estado Operário e Camponês". Correlatamente, o proletariado é declarado classe dominante, embora o campesinato não ocupe o mesmo *status*.

De onde deriva a transformação do proletariado em classe dominante? Em 1920, no Relatório ao IX Congresso, ele relacionaria a ascensão do proletariado à condição de classe dominante à transformação nas relações de propriedade:

> A dominação do proletariado consiste no fato de que os latifundiários e capitalistas foram despojados de suas propriedades... O proletariado vitorioso aboliu a propriedade, anulou-a completamente, e aqui reside a sua dominação de classe. A coisa principal é a questão da propriedade. Tão logo a questão da propriedade foi virtualmente assentada, a dominação da classe foi assegurada[1].

Mas, o próprio Lenin se encarregará de mostrar que a abolição da propriedade privada só significa a ascensão do proletariado ao Poder, se aceitarmos que o Partido representa a classe, pois ele indica claramente que o Poder era exercido pelo Partido e não pelos trabalhadores no seu conjunto. É compreensível que ele queira identificar a dominação do Partido com a dominação da classe. Porém, vai mais além e afirma que o

1. «Relatório do Comitê Central no IX Congresso do PC(b)», vol. 30, março de 1920, p. 456.

Partido só representa uma pequena parcela da classe operária e que a "política proletária" do Partido dependia de um pequeno grupo de velhos militantes e não da massa de membros. Além disso, insistirá que o Partido dominante exercia um controle muito precário sobre o aparelho de Estado que continuaria a ser, no essencial, o mesmo aparelho czarista. Correlatamente, a burocracia, ademais de controlar este aparelho, infiltrar-se-ia também no Partido e nos sovietes.

Já em 1919, referindo-se aos sovietes, Lenin escrevia:

Sendo por seu programa órgãos da administração exercida *pelos trabalhadores,* são na prática órgãos da administração *para os trabalhadores,* exercida pela camada do proletariado que constitui a vanguarda e não pelos trabalhadores no seu conjunto[2].

Reafirmando, mais tarde, a proeminência do Partido sobre a classe, Lenin insistirá (outubro de 1921) que, em razão da ruína econômica da Rússia, "o proletariado cessou de existir como proletariado"[3].

Desde a guerra, o proletariado da Rússia tornou-se menos proletário do que era antes porque, durante a guerra, quem quisesse escapar do serviço militar ia para as fábricas[4].

O exercício do poder pelo proletariado dominante, ou seja, a ditadura do proletariado, devia caber ao Partido.

A ditadura do proletariado não pode ser exercida através de uma organização que abrange o conjunto dessa classe (o sindicato

2. «Sobre o Programa do Partido — Informe no VIII Congresso de PC(b)», 19 de março de 1919, vol. 29, p. 183.
3. «A NEP e as Tarefas dos Departamentos de Educação Política», 17 de outubro de 1921, vol. 33, p. 65.
4. «Condições para a Admissão de Novos Membros no Partido», carta a Molotov de 26 de março de 1922, vol. 33, p. 256.

no caso em discussão) (...) Ela somente pode ser exercida por uma vanguarda que tenha absorvido as energias revolucionárias da classe... Tal é o mecanismo básico da ditadura do proletariado e a essência da transição do capitalismo para o comunismo[5].

Porém, o Partido, a vanguarda da classe, não representaria todo o proletariado. Na Rússia,

o contingente avançado do proletariado só representa uma pequena parte de todo o proletariado que, por sua vez, não representa mais do que uma pequena parte de toda a massa da população[6].

Em outra passagem, Lenin acrescentaria que o Partido, depois da conquista do Poder, já não seria tão proletário. De fato, a natureza de classe do Partido viria de um pequeno grupo no seu interior, pois não só o proletariado industrial, base do Partido, era menos "proletário" do que antes como também ocorria a infiltração de burocratas e oportunistas no Partido dominante:

Se não fecharmos nossos olhos à realidade — diria em 1922 — devemos admitir que atualmente a política proletária do Partido não é determinada pelo caráter de seus membros mas pelo prestígio enorme e indivisível de que goza o pequeno grupo que pode ser chamado de Velha Guarda. Um pequeno conflito no interior desse grupo será suficiente, se não para destruir esse prestígio, pelo menos para enfraquecer o grupo a um tal ponto que lhe tirará o poder de impor sua política[7].

Lenin retoma aqui uma velha posição exposta no *Que Fazer*. O que decide do caráter de classe do Partido

5. «Sobre os Sindicatos», 30 de dezembro de 1920, vol. 32, p. 21.
6. *O Imposto em Espécie*, vol. 32, p. 349.
7. «Condições para a Admissão de Novos Membros no Partido», carta a Molotov de 26 de março de 1922, vol. 33, p. 257.

é a *ideologia* de um pequeno grupo e não a *composição social* de seus membros. Na verdade, é a ideologia desse pequeno grupo que, em última análise, mantém as condições para que o Estado soviético seja um Estado Operário. Mas é interessante notar que ele próprio indicará que o caráter "operário" do Estado deveria ser aceito com reservas.

Em 30 de dezembro de 1920, discutindo o papel dos sindicatos no novo regime, Lenin diria que considerar abstratamente o Estado soviético como um Estado operário seria um erro. O Estado soviético seria um "Estado Operário e Camponês"[8]. Porém, alguns dias mais tarde, em 19 de janeiro, ele retificaria esta afirmação, dando razão a Bukharin, que o havia interpelado na discussão de 30 de dezembro e retiraria a palavra "Camponês" da caracterização do Estado:

...Eu estava errado e o Camarada Bukharin estava certo. O que eu deveria ter dito era: "Um Estado Operário é uma abstração. O que nós realmente temos é um Estado Operário com esta peculiaridade: primeiro, não é a classe operária mas a população camponesa que predomina no país e, segundo, é um Estado Operário com deformações burocráticas"[9].

Por outro lado, o *status* ocupado pelo campesinato na sociedade soviética e no sistema de poder não fica claro, não sendo os camponeses apresentados nem como "classe dominante" nem como "classe dominada". Na verdade, embora o termo não seja utilizado, o campesinato é uma espécie de "classe-apoio" para a ascensão do proletariado (ou do Partido do proletariado) ao Poder.

8. «Sobre os Sindicatos», 30 de dezembro de 1920, vol. 32, p. 24.
9. «A Crise Partidária», 19 de janeiro de 1921, vol. 32, p. 48.

Considerando as próprias análises de Lenin, o Estado soviético aparece como um Estado Operário na medida em que é dirigido por um Partido cuja direção tem uma ideologia operária, ou na medida em que este Partido *é* o próprio Estado. A abolição da propriedade privada e a eliminação das velhas classes é a condição para a manutenção desse Partido no Poder.

Porém, ao mesmo tempo em que identifica a classe com o Estado, o Estado com o Partido e o Partido com a "velha guarda", Lenin lembraria que o termo "Estado Operário" é "uma abstração". Concretamente, o Estado soviético seria um "Estado Operário com uma deformação burocrática"[10]. Por isto, opondo-se às propostas de Trotsky em favor da "militarização da indústria", Lenin observaria que

os sindicatos não mais têm que realizar uma luta econômica de "classes" mas uma "luta econômica que não é de classes", a qual significa combater as distorções burocráticas do aparelho estatal soviético[11].

Um ano depois, em 12 de janeiro de 1922, Lenin retomaria o mesmo tema, mas considerando agora que se tratava de uma luta de classes:

Enquanto existirem classes, a luta de classes é inevitável. No período de transição entre o capitalismo e o socialismo a existência de classes é inevitável. Assim, ... o Partido Comunista, o governo soviético e os sindicatos nunca devem esconder dos operários e da massa de trabalhadores que a greve num Estado em que o proletariado possui o poder político somente pode ser explicada e

10. «Sobre os Sindicatos», 30 de dezembro de 1920, vol. 32, p. 24 e «A Crise Partidária», p. 48.
11. «Novamente sobre os Sindicatos», 25 de janeiro de 1921, vol. 32, p. 100.

justificada pelas distorções burocráticas do Estado proletário e por toda sorte de sobrevivência do velho sistema capitalista...[12].

O primeiro texto citado antecede de pouco o início da NEP (março de 1921). O outro foi escrito já em seu pleno vigor. Talvez por tal motivo, Lenin insistisse, na primeira citação, no fato de se tratar de um conflito contra o próprio Estado operário, razão pela qual a luta não seria de classes. No segundo texto, ele volta a falar simplesmente em luta de classes, mas não há menção ao fato de que, com a NEP, o Estado soviético voltaria a estimular as relações de tipo capitalista. Neste último texto, a luta de classes é explicada em função das *sobrevivências* das velhas classes e das distorções burocráticas. Não há referência à nova burguesia que deveria expandir-se com a NEP. Por outro lado, a idéia de uma "luta econômica" que *não seria de classes,* opondo o proletariado ao seu Estado "com deformações burocráticas", não seria desenvolvida.

A BUROCRACIA E O APARELHO ESTATAL

Se a expressão "Estado operário com deformação burocrática" foi poucas vezes utilizada, o problema da burocracia aparece desde cedo, tornando-se, especialmente a partir de 1921, um tema constante de seus escritos.

Em 30 de julho de 1918, Lenin declarava confiantemente:

Os operários e camponeses possuem maior habilidade construtiva do que se poderia esperar. Uma das realizações da revolução foi varrer o velho aparelho administrativo... Apesar de

12. «O Papel e as Funções dos Sindicatos sob a NEP», vol. 33, p. 186.

que apenas oito meses se tenham passado, a revolução russa provou que a nova classe que tomou a administração em suas mãos é capaz de realizar sua tarefa[13].

Muito rapidamente, Lenin deixaria de lado estas observações otimistas, sendo os bolcheviques obrigados a recorrer, cada vez em maior escala, aos técnicos e administradores da burguesia, enquanto a velha burocracia czarista voltava a ocupar os postos do aparelho de Estado. A burocracia se revelava um adversário mais difícil de ser vencido do que os guarda-brancos e as antigas classes dominantes, contra a qual, segundo Lenin, nada se poderia obter a curto ou médio prazo.

No "Esboço do Programa do Partido", apresentado no VIII Congresso (18-23 de março de 1919), Lenin afirmava que a organização estatal soviética tinha destruído as bases da burocracia na Rússia.

Contudo — ressaltava ele — a luta contra a burocracia certamente não terminou em nosso país. A burocracia está tentando retomar algumas de suas posições e está tirando vantagens, por um lado, do nível cultural insatisfatório da massa do povo e, por outro lado, do tremendo e quase sobre-humano esforço de guerra do setor mais desenvolvido dos operários urbanos. A continuação da luta contra a burocracia, assim, é absolutamente necessária, é imperativa, a fim de assegurar o sucesso futuro do desenvolvimento socialista[14].

No "Relatório sobre o Programa do Partido", Lenin voltaria ao mesmo tema:

Temos ouvido queixas contra a burocracia há muito tempo. Essas queixas são indubitavelmente justas.

13. «Discurso no Congresso dos Presidentes de Sovietes de Província», 30 de julho de 1918, vol. 28, p. 35.
14. «Esboço do Programa do PC(b)», 18-23 de março de 1919, vol. 29, p. 109.

No entanto, salientava ele, "nós fizemos o que nenhum outro Estado no mundo fez para lutar contra a burocracia". Uma das dificuldades era que o governo soviético não podia viver sem o aparelho burocrático:

> Nós não podemos viver sem esse aparelho. Cada ramo do governo cria a necessidade de um tal aparelho... Os burocratas czaristas começaram a entrar nas instituições soviéticas e a pôr em prática os seus métodos burocráticos; eles começaram a assumir o colorido comunista, a ter mais êxito nas suas carreiras, a obter carteira de membros do Partido Comunista. Assim, foram mandados embora pela porta mas engatinham de volta pelas janelas[15].

Em fins de 1920, Lenin relacionaria a existência de "métodos burocráticos" no interior do Partido à vinculação do aparelho partidário com o aparelho administrativo do Estado:

> ...tem havido um renascimento de métodos burocráticos contra os quais uma luta sistemática deve ser travada. É natural que os métodos burocráticos que reapareceram nas instituições soviéticas tenham efeitos perniciosos mesmo sobre as organizações do Partido uma vez que os escalões superiores do Partido são ao mesmo tempo os escalões superiores do aparelho de Estado, são uma única e mesma coisa.

Segundo Lenin, tratar-se-ia de uma

> doença que existe não somente em Moscou mas que se espalhou através de toda República[16].

Obsessivamente, Lenin continuaria a insistir até o fim de sua vida na questão da burocracia. No X Congresso do Partido (março de 1921) afirmaria:

15. «Relatório Sobre o Programa do Partido», 19 de março de 1919, vol. 29, p. 182/3.
16. «Nossa Situação Externa e Interna e as Tarefas do Partido», 21 de novembro de 1920, vol. 31, p. 421 e 422.

Temos uma úlcera burocrática... As práticas burocráticas em nosso sistema estatal tornaram-se uma doença tão grave que tivemos que tratar disso em nosso programa do Partido[17].

Alguns dias depois, ainda no X Congresso, Lenin denunciaria a existência de "todo um estrato intelectual--burocrático em Moscou"[18].

No *Imposto em Espécie,* Lenin traçaria o seguinte cronograma do avanço da burocracia:

Em 5 de maio de 1918, nada enxergávamos. Seis meses depois da Revolução de Outubro, com o velho aparato burocrático esmagado de cima a baixo, não sentíamos nenhum de seus males... Um ano depois, o VIII Congresso do PC (b) (18 a 23 de março de 1919) adotou um novo programa do Partido no qual falávamos abertamente de "um renascimento parcial da burocracia no sistema soviético"... Dois anos depois, na primavera de 1921, após o VIII Congresso dos Soviets (dezembro de 1920), que discutiu os males da burocracia, e após o X Congresso do PC (b), que resumiu as controvérsias estreitamente relacionadas a este mal, nós o encontramos ainda mais visível e sinistro[19].

Ainda em 1922, Lenin via como *causa direta* da burocracia a infiltração dos antigos funcionários ou a permanência do velho aparato burocrático czarista.

Herdamos o velho aparato de Estado e isso foi nossa infelicidade. Muito freqüentemente, essa máquina estatal trabalha contra nós. Em 1917, depois de termos tomado o poder, os funcionários começaram a nos sabotar. Ficamos muito assustados e pedimos: "Por favor, voltem a seus postos". Eles voltaram mas isso foi nossa desgraça. Temos agora um enorme exército de funcionários mas nos faltam pessoas instruídas para exercer um efetivo controle

17. «Relatório sobre o Trabalho Político do CC do PC(b)», março de 1921, vol. 32, p. 190 e 191.
18. «Relatório sobre a Substituição do Sistema de Apropriação do Excedente de Cereais pelo Sistema de Impostos em Espécie», 15 de março de 1921, vol. 32, p. 223.
19. *O Imposto em Espécie,* vol. 32, p. 351.

sobre eles. Na prática, acontece freqüentemente que, na cúpula, onde temos o poder político, a máquina funciona de algum modo; porém, embaixo, os funcionários têm o completo controle e o exercem de tal maneira que anulam nossas decisões[20].

Mais tarde, tomado de crescente irritação ante os complicados trâmites burocráticos — que resultaram no atraso da compra de conservas para Moscou, que passava fome — Lenin chegaria a propor, em março de 1922, que

> todos os membros dos departamentos governamentais de Moscou — exceto os membros do Comitê Executivo Central os quais, como todo mundo sabe, gozam de imunidade — deveriam ser encarcerados na pior prisão de Moscou por seis horas, e os membros do Comissariado do Povo para o Comércio Exterior, por 36 horas. Porém, ocorre que ninguém pôde achar os culpados e, pelo o que eu lhes falci, é evidente que os culpados nunca serão encontrados[21].

OS COMUNISTAS E A ADMINISTRAÇÃO

Por volta de 1922, o problema da burocracia já não se reduzia, como vimos, apenas à persistência do velho aparato czarista e nas eventuais sabotagens dos antigos funcionários (já que os membros do Comissariado do Povo deveriam ser encarcerados também). Nos seus últimos artigos, Lenin insistiria cada vez mais na incapacidade administrativa dos comunistas:

> Nosso pior inimigo interno é o burocrata — o comunista que ocupa uma posição soviética responsável (ou irresponsável) e que goza de respeito universal como homem consciencioso[22].

20. «Cinco Anos de Revolução Russa e as Perspectivas da Revolução Mundial. Relatório ao IV Congresso da I.C.», 13 de novembro de 1922, vol. 33, p. 428.
21. «Relatório Político do CC no XI Congresso», vol. 33, p. 295/6.
22. «A Situação Externa e Interna da República Soviética», 6 de março de 1922, vol. 33, p. 225.

... os comunistas não sabem como dirigir a economia e, neste aspecto, são inferiores a um empregado capitalista qualquer que tenha sido treinado em grandes fábricas e em grandes firmas[23].

E Lenin lembrava que os capitalistas, apesar de saquearem e roubarem, sabiam alimentar os trabalhadores, enquanto os comunistas não o sabiam[24]. E concluía de modo dramático:

> Durante o ano passado mostramos muito claramente que não sabemos dirigir a economia. Esta é a lição fundamental. No próximo ano, ou demonstramos o contrário ou o Poder soviético não será capaz de sobreviver[25].
>
> Devemos reconhecer sem receio de admiti-lo — continuava Lenin — que em 99% dos casos, comunistas responsáveis estão colocados em postos para os quais não estão preparados, são incapazes de cumprir seus deveres e devem sentar-se para aprender (...) Temos 18 Comissariados do Povo dos quais pelo menos 15 são totalmente inúteis. (...) Há alguns dias atrás, arrumamos as comissões. Descobrimos 120 deles. Quantas eram necessárias? 16. E este não foi o primeiro corte[26].

Um ano depois, em seu último artigo "Melhor Poucos mas Bons", Lenin admitiria que, após todas as críticas e esforços para melhorar o funcionamento da administração soviética, o aparato estatal havia chegado a um "ponto lamentável, para não dizer detestável", e que os esforços para melhorá-lo, depois de cinco anos, tinham demonstrado apenas sua "inutilidade, futilidade e mesmo nocividade"[27].

Aqui, além de criticar o funcionamento da administração soviética e, em especial a Inspeção Operária e

---

23. «Relatório Político do CC ao XI Congresso», vol. 33, p. 275.
24. *Idem*, p. 272.
25. *Idem*, p. 274.
26. *Idem*, p. 309, 307, 308.
27. «Melhor Poucos mas Bons», vol. 33, p. 487 e p. 489.

Camponesa (destinada justamente a combater o burocratismo), ele mencionaria explicitamente a "burocracia do Partido e dos sovietes" para acrescentar: "... temos burocratas tanto nas instituições do Partido como nas dos sovietes"[28]. Este artigo, no plano imediato, constitui um ataque à Inspeção Operária e Camponesa (*Rabkrin* nas siglas russas) e, portanto, uma crítica a Stálin, colocado na sua direção:

> Digamos francamente que o Comissariado do Povo da Inspeção Operária e Camponesa, no momento, não goza da menor autoridade. Todos sabemos que não existe outra instituição pior organizada que a Inspeção Operária e Camponesa e que, nas presentes condições, nada pode ser esperado deste Comissariado do Povo[29].

CAUSAS DA BUROCRACIA

As causas da burocracia e do burocratismo, segundo Lenin, não seriam as mesmas daqueles existentes nos países capitalistas. Nestes, a burguesia necessitaria de um aparelho burocrático contra os trabalhadores, especialmente do aparelho militar e judicial. Porém, na República Soviética,

> as práticas burocráticas têm outras raízes econômicas, especialmente o caráter disperso e atomizado do pequeno produtor, com sua pobreza, seu analfabetismo, falta de cultura, a ausência de estradas e de *trocas* entre a agricultura e a indústria, a falta de conexão e ligação entre elas. Isto, em grande parte, é o resultado da Guerra Civil[30].

O atraso econômico, nesta passagem, aparece na raiz da burocracia. Outras vezes, como já vimos, Lenin

---

28. *Idem*, p. 494.
29. *Idem*, p. 490.
30. *O Imposto em Espécie*, vol. 32, p. 351.

menciona o baixo nível cultural das massas que não teriam capacidade para participar diretamente da gestão do Estado. As duas colocações não são necessariamente contraditórias e podem ser entendidas como diferentes focos de análise. Porém, progressivamente, nos seus últimos trabalhos, Lenin desloca o fulcro do problema para um terceiro fator: a "falta de cultura dos comunistas", com sua incapacidade administrativa, sua inexperiência em matéria de condução dos negócios e gestão da economia. Esta falta de cultura dos comunistas os forçaria a "recorrer ao auxílio da burguesia para construir o socialismo".

Os comunistas teriam o poder político e o poder econômico fundamental, estando as grandes empresas, as ferrovias, etc., nas mãos do Estado. Porém — perguntava Lenin — o que nos falta?

Obviamente, falta cultura entre a camada dos comunistas que cumprem funções administrativas. Se considerarmos Moscou* — 4700 comunistas em posições responsáveis — e se tomamos a grande máquina burocrática, este monte gigantesco, devemos perguntar: quem dirige quem? Duvido muito que se possa dizer, verdadeiramente, que os comunistas estão dirigindo este

---

* Lenin considerava Moscou como a cidade onde a burocracia se manifestava mais fortemente: «... os males do burocratismo, como é natural, estão concentrados no centro. Neste sentido, Moscou não pode deixar de ser a pior cidade e, em geral, a pior «localidade» da República»[31]. «Em agosto de 1918 realizamos um censo do número de funcionários existentes em Moscou. Encontramos um total de 231 mil funcionários do Estado e dos sovietes; este número abrange funcionários tanto dos organismos centrais como locais, dos escritórios de Moscou. Recentemente, em outubro de 1922, fizemos outro censo com a crença de que tínhamos diminuído este aparelho inchado e que o número deles seria certamente menor. Entretanto, o número obtido foi de 243 mil. Tal foi, então, o resultado de toda a redução do pessoal que realizamos»[32].

31. *Idem*, p. 355.
32. «Discurso na IV Sessão do Comitê Central Executivo Pan-Russo», 31 de outubro de 1922, vol. 33, p. 394.

monte. Para dizer a verdade, eles não estão dirigindo mas estão sendo dirigidos[33].

E Lenin recorre à imagem do povo conquistador que acaba sendo vencido pelo povo conquistado, porque a cultura deste último é superior.

Assim, os comunistas que pareciam deter todo o Poder*, alguns anos depois de sua vitória, viam que o Estado não atuava como tinham pretendido, que a

> máquina recusava a obedecer a mão que a guiava, como um automóvel que caminha não na direção desejada pelo motorista mas na direção que outra pessoa deseja[35].

O aparelho estatal soviético desenvolver-se-ia sem controles.

> Devemos ter a coragem de dizer que, até agora, a máquina do Estado está crescendo espontaneamente[36].

Em outra passagem, escrita no fim de sua vida ativa, Lenin parece considerar que, afinal, não teria ocorrido nenhuma modificação verdadeiramente substancial no aparelho do Estado da República soviética. Este lhe aparecia o velho aparelho czarista "benzido com o óleo soviético"[37]. E como esclareceria mais adiante:

---

* «Nós reservamos o poder de Estado para nós mesmos e *somente para nós*», afirmava Lenin em 1918[34].

33. «Relatório Político do CC no XI Congresso», vol. 33, p. 288.
34. «Relatório sobre a Atitude do Proletariado ante os Democratas Pequeno-Burgueses», 27 de novembro de 1918, vol. 28, p. 213.
35. «Relatório Político do CC no XI Congresso», vol. 33, p. 279.
36. «Discurso na IV Sessão do C.E.C. Pan-Russo», 1 de novembro de 1922, vol. 33, p. 395.
37. «A Questão das Nacionalidades ou 'Autonomização'», 30 de dezembro de 1922, vol. 36, p. 605.

...agora, temos que ter a consciência de admitir... que aquilo que chamamos de nosso aparelho nos é inteiramente estranho; trata-se de uma salada burguesa e czarista, da qual não conseguimos nos livrar nos últimos cinco anos, sem a ajuda de outros países porque estivemos "ocupados" com a guerra civil e com a luta contra a fome[38].

Não se trata de uma afirmação ocasional de Lenin, uma explosão momentânea de irritação. Em janeiro de 1923 ele voltaria a insistir:

Com exceção do Comissariado do Povo para Negócios Estrangeiros, nosso aparelho é, numa extensão considerável, um prolongamento do passado que dificilmente sofreu alguma modificação séria[39].

IGUALITARISMO VERSUS EFICIÊNCIA

No contexto da ruína econômica, analfabetismo e incapacidade administrativa, os bolcheviques foram obrigados a recorrer muito cedo aos técnicos e especialistas da burguesia. Segundo dizia Lenin, em 1920, não havia outra opção.

Vocês sabem ... que não somos contrários a colocar operários na direção mas dizemos que essa questão deve ser resolvida segundo os interesses da produção. Não podemos esperar. O país está tão terrivelmente arruinado, calamidades — fome, frio e uma carência geral — atingiram um tal ponto que não podemos mais continuar dessa maneira. Nenhuma devoção, nenhum sacrifício próprio pode nos salvar se não mantivermos os operários vivos, se não os abastecermos com pão, se não conseguirmos obter grandes quantidades de sal, de maneira a recompensar os camponeses através de uma troca adequada e não através de pedaços de papel colorido que não nos permitirá sobreviver muito tempo. A própria

38. *Idem*, p. 606.
39. «Como Devemos Organizar a Inspeção Operária e Camponesa», 23 de janeiro de 1923, vol. 33, p. 481.

existência da Rússia Soviética está em jogo (...) Assim, tratem da questão da administração como homens práticos... Aprendam de sua experiência prática, aprendam também da burguesia... O poder só poderá ser mantido adotando toda experiência do capitalismo culto, tecnicamente avançado e progressista, e pela utilização dos serviços dessa gente (os técnicos burgueses) (...) A experiência nos indica que qualquer um que tenha uma cultura burguesa, uma ciência burguesa e uma tecnologia burguesa deve ser valorizado. Sem eles nós não seremos capazes de construir o comunismo[40].

A fim de atrair "os que dispunham de uma cultura burguesa", era necessário pagar-lhes altos salários, rompendo com um dos objetivos socialistas, que era a redução das desigualdades. Já em maio de 1918, Lenin esclarecia que a República Soviética fora obrigada a fazer certos compromissos "com as tendências burguesas". Um desses compromissos era "a introdução de altos salários para um número de técnicos burgueses"[41].

Na realidade, era preciso ir mais longe: era preciso dar aos técnicos e especialistas, enquanto *camada social*, um conjunto de vantagens que os colocaria — embora Lenin não o mencione — como um grupo privilegiado no interior de uma população pobre e faminta.

... devemos, a todo custo, chegar a uma situação na qual os técnicos — como um estrato social particular que continuará a existir até que atinjamos o mais alto estágio do desenvolvimento da sociedade comunista — possam gozar de melhores condições de vida sob o socialismo do que sob o capitalismo, tanto no que concerne à sua situação material e legal, na relação de camaradagem com os operários e camponeses, como também no plano

40. «Discurso no III Congresso Pan-Russo dos Trabalhadores de Transporte de Água», 15 de março de 1920, vol. 30, p. 428/9 e p. 431.
41. «Seis Teses sobre as Tarefas Imediatas do Governo Soviético», maio de 1918, vol. 27, p. 316/7.

mental, isto é, encontrando satisfação no trabalho, compreendendo que ele é socialmente útil e independente dos sórdidos interesses da classe capitalista[42].

Caberia aos sindicatos "o árduo trabalho quotidiano de influenciar as amplas massas no sentido de ter relações justas com os técnicos"[43]. Ademais, os diferentes departamentos deveriam

> tomar medidas sistemáticas a fim de prover todas as necessidades dos técnicos, recompensar os melhores, salvaguardar e proteger seus interesses... [44].

Nesta situação, o *status* geral dos técnicos e especialistas da burguesia no interior da sociedade soviética é bastante ambíguo. Lenin recomendava pagar-lhes salários mais elevados e dar-lhes outras vantagens, transformando-os numa camada privilegiada no interior da sociedade soviética. Porém, a este grupo não era permitido expressar-se politicamente enquanto tal. Tratar-se-ia, portanto, de um grupo socialmente privilegiado, mas politicamente dominado. Ao contrário, o proletariado seria a classe dominante, mas não exerceria de forma direta nem a administração do Estado nem a gestão da empresa, devendo o poder político ser exercido pelo Partido; por outro lado, não gozaria das mesmas vantagens salariais, materiais e sociais dos técnicos burgueses.

Lenin entendia que a administração das empresas deveria ser realizada de modo *unipessoal,* devendo

> toda intervenção direta dos sindicatos na administração das empresas... ser considerada claramente prejudicial e inadmissível[45].

---

42. «Papel e Funções dos Sindicatos», 12 de janeiro de 1922, vol. 33, p. 194.
43. *Idem*, p. 195.
44. *Idem.*
45. *Idem*, p. 189.

A restauração da grande indústria impunha não somente outorgar vantagens materiais e sociais aos técnicos da burguesia como também estabelecer formas de gestão autoritárias, mediante a concentração do poder de decisão nas mãos da direção e a transformação do sindicato numa instituição de colaboração com a administração das fábricas.

...o mais rápido e sólido êxito na restauração da grande indústria é a condição sem a qual nenhum êxito pode ser alcançado na causa geral da emancipação do trabalho do jugo do capital e na garantia da vitória do socialismo. Para alcançar este resultado na Rússia, na presente situação, é absolutamente necessário que toda a autoridade, na fábrica, deva estar concentrada nas mãos da direção[46].

De fato, a concepção leninista da organização do trabalho fabril é francamente autoritária. Logo após à conquista do Poder, Lenin iria preconizar, para a indústria soviética, o pagamento de salário por peças e outras técnicas tayloristas[47]. Pouco antes da introdução da NEP, ele insistiria que

o trabalho deve ser organizado de um novo modo; novos meios de estimular as pessoas a trabalhar e a observar a disciplina no trabalho devem ser encontrados[48]. (...) Poderes ditatoriais e direção unipessoal não são contraditórios com a democracia socialista[49].

Progressivamente, face à ruína econômica e ao atraso da Rússia, era preciso pôr de lado um conjunto de valores e objetivos centrais do socialismo:

---

46. *Idem.*
47. Cf. «Seis Teses Sobre as Tarefas Imediatas do Governo Soviético», maio de 1918, vol. 27, p. 316.
48. «Discurso no III Congresso Pan-Russo dos Sindicatos», 7 de abril de 1920, vol. 30, p. 507.
49. *Idem*, p. 503.

Falar de igualdade, liberdade e democracia nas presentes condições é absurdo[50].

REVOLUÇÃO CULTURAL E CIÊNCIA BURGUESA

Uma das soluções apontadas por Lenin para combater a burocracia era a melhoria do nível cultural dos comunistas. Este é um ponto que ele ataca com desespero. Os bolcheviques, segundo Lenin, teriam as condições políticas e econômicas para a construção do socialismo, mas lhes faltaria capacidade para gerir o Estado e a economia; lhes faltaria "civilização". Impor-se-ia, portanto, uma "revolução cultural".

Uma revolução cultural seria agora suficiente para nos converter num país completamente socialista mas esta revolução cultural apresenta imensas dificuldades de caráter puramente cultural (pois somos analfabetos) e de caráter material (pois para ser culto é necessário atingir um certo desenvolvimento dos meios materiais de produção, é necessário uma certa base material)[51].

Impor-se-ia, pois, para a melhora do aparelho estatal soviético, como tarefa fundamental, "primeiro, estudar; segundo, estudar; terceiro, estudar"[52].

Lenin passaria a considerar, agora, além das dificuldades materiais (crise econômica, desorganização da grande indústria, esfacelamento do proletariado, avanço da burocracia, etc.), os problemas culturais, colocados como ponto central. Ele falaria numa "revolução cultural". Mas, o termo não deve ser entendido no sentido em que os chineses o utilizaram. Lenin pensava basica-

50. *Idem*, p. 506.
51. «Sobre a Cooperação», 6 de janeiro de 1923, vol. 33, p. 475.
52. «Melhor Poucos mas Bons», vol. 33, p. 488.

mente na elevação do nível educacional, no avanço da instrução geral, cujo progresso marcharia num ritmo ainda inferior à da Rússia czarista[53], na melhoria das habilidades administrativas*, na aquisição da técnica e das ciências "burguesas". Os administradores comunistas deveriam

> aprender tomando as realizações da ciência, insistindo na verificação dos fatos, localizando e estudando os erros.
> Precisamos de mais conhecimento factual e menos debates sobre os princípios ostensivos do comunismo[55].

O socialismo é entendido como uma etapa superior à do capitalismo desenvolvido. Ele pressupõe, na concepção leninista, a assimilação do saber, da ciência, da cultura burguesa, ao lado de um desenvolvimento das forças produtivas superior à dos países capitalistas avançados.

> Para que nossa vitória possa ser completa e final, precisamos tomar tudo o que é valioso no capitalismo, tomar toda sua ciência e sua cultura[56].

E mais adiante:

> ...é difícil a tarefa de combinar a revolução proletária vitoriosa com a cultura burguesa, com a ciência e a tecnologia burguesa, que até o presente têm estado à disposição de poucas pessoas[57].

---

* Lenin recomendaria o envio de «algumas pessoas preparadas e conscienciosas à Alemanha ou à Inglaterra para coletar bibliografia a este respeito» e a formação de uma comissão para redigir «dois ou mais manuais sobre organização do trabalho e especialmente sobre o trabalho administrativo»[54].

53. «Páginas de um Diário», 2 de janeiro de 1923, vol. 33, p. 462.
54. «Melhor Poucos mas Bons», vol. 33, p. 492 e 493.
55. «Plano Econômico Integrado», 21 de fevereiro de 1921, vol. 32, p. 144.
56. «Realizações e Dificuldades do Governo Soviético», março-abril de 1919, vol. 29, p. 74.
57. *Idem*.

E Lenin insistia que, se as massas trabalhadoras não conseguissem se apoderar de "toda a cultura burguesa, a causa do comunismo estaria perdida"[58].

A revolução cultural pregada por Lenin significava um amplo esforço educacional, técnico e científico, a fim de difundir, entre a massa da população, o que existia de mais avançado na cultura burguesa. A revolução cultural nada tem a ver com a idéia de uma "cultura proletária", freqüentemente ironizada por ele como uma criação de "burgueses intelectuais" que tentam apresentar "suas idéias mais absurdas, incongruentes e sobrenaturais como uma arte puramente proletária"[59]. Em outras passagens, ele voltaria a criticar os que "se perdem no empíreo da cultura proletária... quando muita coisa ainda nos falta para atingir um verdadeiro padrão cultural"[60]. E, finalmente, em seu último artigo, Lenin tornaria a lembrar "os jovens comunistas e literatos", que "nós estaríamos muito satisfeitos com uma verdadeira cultura burguesa" em lugar da "cultura burocrática ou feudal" que existiria na Rússia[61].

Alguns de seus textos anteriores dão a entender que ele não rejeitava inteiramente a idéia de uma cultura proletária mas a entenderia como algo superior à cultura burguesa, como uma cultura que se formaria depois da assimilação de tudo que houvesse de valioso na civilização capitalista. A cultura proletária seria quase uma cultura burguesa aperfeiçoada. (O termo cultura aparece aqui no sentido mais restrito de conjunto de conhecimen-

---

58. *Idem*, p. 74/5.
59. «Discurso no Primeiro Congresso Pan-Russo de Educação de Adultos», maio de 1919, vol. 29, p. 336.
60. «Páginas de um Diário», 2 de janeiro de 1923, vol. 33, p. 462.
61. «Melhor Poucos mas Bons», vol. 33, p. 487.

tos, de saber, e não no sentido antropológico.) Criticando o *Proletcult,* grupo cultural e educacional surgido em 1917, Lenin insistiria que

> apenas o conhecimento e transformação da cultura criada por todo desenvolvimento da humanidade nos capacitará a criar uma cultura proletária... A cultura proletária deve ser o desenvolvimento lógico do acervo de conhecimentos que a humanidade acumulou sob o jugo da sociedade capitalista, latifundiária e burocrática[62].

Assim, finalmente Lenin relacionaria o problema do socialismo com o problema cultural:

> Falta-nos civilização para passar diretamente ao socialismo apesar de termos as premissas políticas,

diria nas últimas linhas do artigo "Melhor Poucos mas Bons"[63]. Na verdade, quando se considera suas críticas à burocracia, pode-se duvidar de que efetivamente os bolcheviques dispusessem sequer das premissas políticas.

A NATUREZA DO FENÔMENO BUROCRÁTICO

As observações de Lenin sobre a persistência da burocracia numa sociedade em que o Estado burguês havia sido destruído não se encontram organizadas, tal como ocorre, aliás, com outros temas de seus escritos posteriores a 1917. Entretanto, se no plano formal suas afirmações parecem freqüentemente inacabadas, ou mesmo contraditórias, elas adquirem sentido quando focalizadas do ângulo da *luta pela manutenção do Poder.* Esta questão será tratada mais adiante. Para tanto, cumpre, prelimi-

---

62. «Tarefas das Ligas da Juventude Comunista», 2 de outubro de 1920, vol. 31, p. 287.
63. «Melhor Poucos mas Bons», p. 501.

narmente, tentar ordenar suas observações sobre a natureza do fenômeno burocrático no regime soviético.

Como vimos, no que toca às críticas à burocracia, há uma fase moderadamente "otimista", que sucede imediatamente à tomada do Poder pelos bolcheviques e à eliminação das velhas classes proprietárias. Apesar de todas as dificuldades, Lenin parece acreditar na capacidade administrativa das massas ou dos bolcheviques, chegando a afirmar que a burocracia havia sido vencida juntamente com os grandes proprietários e capitalistas. Há, em seguida, uma segunda fase, "crítica", na qual ele afirma que a burocracia sobrevive à Revolução de Outubro, à estatização dos meios de produção e se fortalecia dentro do novo regime. Pior ainda: Lenin considera que não poderiam os bolcheviques governar sem a burocracia. Mas é importante ressaltar que a burocracia é vista como um fenômeno externo ao Partido que chega a obstar as decisões da cúpula partidária.

Finalmente, há uma terceira fase, dos últimos anos de sua vida, em que ele é totalmente pessimista: não só não vê nenhuma solução a curto prazo para o problema da burocracia como chega a dizer que a burocracia estava dentro do Partido e dos sovietes, e que os comunistas, de algum modo, se haviam burocratizado. Ele consideraria que o antigo aparelho czarista permanecera praticamente intacto enquanto dirigentes comunistas retomavam as mesmas práticas dos burocratas do antigo regime*. Estes

---

* Assim, por exemplo, a propósito da intervenção de Orjonikdzé e Stálin na República da Geórgia, Lenin escreve, em dezembro de 1922, que «se confessa culpado de negligência perante os operários da Rússia por não ter intervido enérgica e decididamente na notória questão da autonomia» desta República. E afirmava em seguida: «É bastante natural que nestas circunstâncias, a 'liberdade de separar-se da União' pela qual nos justificamos, será um mero pedaço de papel, incapaz de defender os não-russos do assalto deste personagem verda-

três momentos não estão sempre totalmente separados mas se distinguem pela ênfase dada neste ou naquele aspecto.

Entretanto, cumpre notar não apenas a existência dessas três "fases" na apreciação do fenômeno burocrático. Ocorre que a palavra "burocracia" é utilizada por Lenin em dois sentidos diferentes, designando conteúdos diversos: ela aparece como sinônimo de "ineficiência", "papelada", isto é, como um *procedimento,* um modo (ineficiente) de fazer as coisas, como "burocratismo", mas aparece também designando um *grupo social,* o corpo de funcionários.

No primeiro sentido, no seu sentido "adjetivo", os comunistas podem ser também responsáveis pela burocracia, podem agir como burocratas mas não são burocratas. Para enfrentar a burocracia entendida como "ineficiência" cumpre assimilar o que há de avançado na civilização capitalista, procurando adotar as técnicas de administração da burguesia. Os comunistas devem se transformar em bons administradores, estudando, ocupando-se mais com o "saber fático" e menos com a discussão dos princípios gerais do comunismo.

O problema da burocracia considerada "substantivamente", como o corpo de funcionários, e portanto como

deiramente russo, o chovinista grã-russo, essencialmente um patife e um tirano como é o típico burocrata russo. Não há dúvida de que a ínfima porcentagem de trabalhadores soviéticos e sovietizados se afogará nesta ralé do chovinismo grã-russo como uma mosca no leite». Fato que o alarmava era perceber que também a «velha guarda» — que por definição era a guardiã e garantidora da pureza proletária do Partido (cf. nota 7) — estava contaminada pelas deformações que denunciava. Por isso, chegou a propor uma «punição exemplar» para Orjonikdzé, medida que lhe era particularmente dolorosa «já que o camarada Orjonikdzé é meu amigo pessoal e foi meu companheiro de exílio»[64].

64. «A Questão das Nacionalidades ou «Autonomização», 30 de dezembro de 1922, vol. 36, p. 605, p. 606 e p. 610.

força social, é de interpretação menos clara na obra de Lenin. *Inicialmente,* os burocratas são indubitavelmente os *velhos funcionários czaristas*. Mas o que significa dizer que a burocracia estava dentro do Partido e dos sovietes? O que significa dizer que o aparelho de Estado soviético continuava a ser o antigo aparato czarista? Evidentemente, temos aqui uma indicação de que o "antigo" pode continuar no "novo". Os burocratas podem entrar no Partido, assumir o colorido comunista. Mas que se deve entender com a analogia do povo vencedor que, "por falta de cultura", acaba por ser vencido pelo povo conquistado? Por que ameaçar os funcionários *comunistas* de Moscou — excetuando-se os membros do Comitê Executivo Central — de encarceramento nas piores prisões? Isto significa que os comunistas estariam também se burocratizando? Embora esta última alternativa encontre evidência na obra de Lenin, parece que ele' considera que a burocratização dos sovietes e do Partido decorreria antes da transformação dos burocratas em "bolcheviques" do que dos bolcheviques em "burocratas".

A LUTA CONTRA A BUROCRACIA

Para a compreensão do pensamento de Lenin é importante ver o tipo de solução que ele apresenta para a luta *imediata* contra a burocracia. Duas medidas são sugeridas: o expurgo do Partido e a entrada de mais operários no Comitê Central. Com relação à primeira, ele recomendaria, em outubro de 1921, expulsar do Partido de cem a duzentos mil indivíduos que não saberiam lutar contra o "burocratismo e a corrupção... que nos cercam de todos os lados"[65]. (Observe-se que o Partido

65. «A NEP e as Tarefas dos Departamentos de Educação Política», 17 de outubro de 1921, vol. 33, p. 76.

Bolchevique, antes de 1917, não possuía mais de 24 mil membros. Por volta de 1920, o número de aderentes chegava a 612 mil.) Na verdade, Lenin considerava que se deveria expulsar um número mais elevado mas julgava que isso não seria exeqüível.

> Não proponho que um novo expurgo geral do Partido seja realizado porque, no momento, isso é impraticável — diria ele em março de 1922 — mas penso que é necessário encontrar algum meio de, realmente, expurgar o Partido, isto é, reduzir os seus membros[66].

Com relação à segunda medida, em dezembro de 1922, poucos meses antes de sofrer um novo ataque que praticamente o afastaria de toda atividade política, ele afirmava:

> Parece-me que nosso Partido tem todo o direito de pedir à classe operária de 50 a 100 membros para o Comitê Central e que isso pode ser feito sem taxar excessivamente os recursos da classe[67].

Pode-se discutir em que medida a introdução de "trabalhadores de base" no CC poderia frear uma tendência mais geral à qual velhos revolucionários não tinham conseguido fazer frente. Entretanto, interessa-nos salientar outro aspecto: *é na melhoria da qualidade e na redução da elite dirigente,* dotada de amplos poderes, que Lenin depositava suas esperanças de barrar o avanço da burocracia e de melhorar o funcionamento do aparato estatal. Assim, é no Partido (expurgado e purificado) que Lenin vê o instrumento de luta contra o burocratismo. É melhor poucos mas bons.

---

66. «Condições para a Admissão de Novos Membros no Partido», carta a Molotov de 26 de março de 1922, vol. 33, p. 258.
67. «Carta ao Congresso», 23 de dezembro de 1922, vol. 36, p. 593.

A proposta de entrada de trabalhadores diretamente para o Comitê Central — contrariando um componente básico do pensamento leninista segundo o qual o importante é a *ideologia* e não a *origem social* — não representa um "apelo às massas" mas uma tentativa de fortalecimento do "aspecto bolchevique" do Partido, enfraquecido pelo seu rápido crescimento. A mesma coisa poderia ser dita da sugestão de Lenin no sentido de que operários e camponeses fossem chamados a participar da Inspeção Operária e Camponesa*. Tanto num caso como noutro, Lenin procura fortalecer os elementos coercitivos do Partido e do Estado a fim de utilizá-los na luta contra o fenômeno burocrático. Trata-se de cooptar, pelo alto, alguns operários e camponeses para os organismos dirigentes.

Em nenhum momento encontrar-se-á em Lenin a idéia de um "apelo às massas", uma sugestão no sentido da revitalização dos organismos dos trabalhadores (sovietes, sindicatos, conselhos de fábrica) e, muito menos, de reativação da vida política mediante a liberdade de expressão e de organização.

Observemos, assim, que Lenin é o dirigente que, de um lado, identifica o Partido com o Estado, prega a eliminação de todas as organizações políticas rivais, a proibição de facções dentro do Partido, a supremacia do Co-

---

* "... devemos ter gente sem-partido controlando os comunistas. Por isso, grupos de trabalhadores e camponeses sem partido, de comprovada honestidade, devem ser convidados, por um lado, a tomar parte na Inspeção Operária e Camponesa e, por outro lado, na verificação informal dos trabalhos, independentemente de qualquer indicação oficial"[61].

68. «Instruções ao Conselho do Trabalho e da Defesa», 21 de maio de 1921, vol. 32, p. 388.

mitê Central, a utilização dos técnicos da burguesia, a subordinação dos sindicatos ao Estado, o emprego dos métodos administrativos do Ocidente, a assimilação da "cultura burguesa". Porém, por outro lado, é o dirigente que aponta as distorções burocráticas do Estado soviético, que critica a burocracia, que propõe o expurgo do Partido, a introdução de mais operários e camponeses nos órgãos dirigentes.

Abstratamente, pensando o objetivo da luta contra a burocratização do Partido, dos sovietes e do aparelho de Estado, seria lógico supor que se deveria apelar para a "sociedade civil", para as massas trabalhadoras, para os sindicatos. Se a burocracia está dentro do Partido e do aparelho de Estado, dos organismos dirigentes, cumpriria recorrer às forças da sociedade, aos operários e camponeses. Mas já vimos que Lenin nunca pensa em reativar os sindicatos, os conselhos de fábrica, a vida política. Todas as propostas antiburocráticas ficam contidas no âmbito dos aparelhos estatais e partidários, resumindo-se em medidas a serem aplicadas de cima para baixo, autoritariamente, pela "velha guarda", depositária das tradições proletárias e revolucionárias do bolchevismo. Trata-se, na verdade, de lutar burocraticamente contra a burocracia.

Como interpretar o problema da burocracia e da luta contra ela na obra de Lenin? Há um tipo de interpretação que consiste em postular, *a priori,* a total legitimidade de Lenin. Este é visto como o portador da História, o representante dos interesses do proletariado e das classes oprimidas, o dirigente capaz de conduzir, de modo infalível, a nau do Partido por entre múltiplos escolhos, evitando tanto o Scilas do revolucionarismo infantil como o Caribdis da acomodação burocrática. Lenin seria o dirigente "genial" capaz de entender a importância das funções de administração colocadas pela ascensão do Partido Bolchevique ao Poder mas sem se acomodar à burocracia, sem ter complacência com os oportunistas e carreiristas que adentravam o Partido Bolchevique vitorioso. De uma óptica mais "stalinista", o primeiro aspecto poderia ser salientado; de uma óptica mais "trotskista", dever-se-ia ressaltar o segundo.

Mas, deixando-se de lado esta postura laudatória, mistificada e mistificadora, resta o problema da compreensão de seus escritos posteriores a Outubro. Certamente, as soluções aventadas por Lenin para combater a burocracia podem, em larga medida, ser entendidas do ângulo de suas concepções relacionadas, primeiro, à construção do socialismo e, segundo, às relações entre o Partido e a classe. Especialmente a partir de 1921, na "construção do socialismo", os bolcheviques tendem a recorrer cada vez mais aos aparelhos coercitivos do Estado, seja na luta contra correntes e forças políticas adversas — de Esquerda ou de Direita — seja no relacionamento com as camadas trabalhadoras. Cumpre, como dizia Lenin,

não economizar métodos ditatoriais para apressar a adoção da cultura ocidental na Rússia bárbara, usando sem hesitação meios bárbaros na luta contra o barbarismo[96].

Claro está que, no que toca à cultura ocidental, Lenin não pensa em certos valores e instituições do sistema político. Com relação ao segundo aspecto, não parece necessário relembrar que Lenin é o teórico da predominância do Partido sobre a classe, da organização sobre o espontaneísmo. As soluções aventadas para

69. *O Imposto em Espécie*, vol. 32, p. 335.

o combate à burocracia são coerentes com os fundamentos gerais do leninismo. Desse ângulo, Lenin permanece inteiramente fiel a todas as suas concepções formuladas antes da tomada do Poder.

Mas achamos que essas considerações não esgotam o problema. Por que as críticas à burocracia e aos burocratas se se trata de agir burocraticamente? Por que o dirigente máximo do Estado operário se empenha em fornecer elementos que permitem pôr em dúvida a ditadura do proletariado?

Em que a burocracia se opõe ao Partido bolchevique? Qual é o projeto da burocracia? Propõe ela a restauração do capitalismo? O retorno ao czarismo? A implantação de uma democracia ocidental? A criação de outro Partido que se oponha ao bolchevismo?

Nas críticas à burocracia Lenin não menciona nenhum desses pontos. Na verdade, a conclusão que se pode tirar — e que não se encontra inteiramente explicitada na sua obra — é que a burocracia sobrevive *dentro* do regime soviético e que, *a partir daí,* opõe-se ao Partido Bolchevique sem que, para tanto, se oponha à estatização dos meios de produção, e à eliminação da burguesia e dos grandes proprietários.

A natureza do fenômeno burocrático, como vimos, não se encontra claramente delineada nos escritos de Lenin. Algumas vezes, no início, ele entende que a burocracia só poderia ser o resultado do passado, herança do velho aparelho czarista que sobrevivia na Rússia soviética em razão de seu atraso econômico e cultural. Mais tarde, embora retendo algumas vezes esta primeira explicação, Lenin começa a ver a burocracia como uma força social, uma camada que se caracterizaria por certas práticas e modos de proceder e que seria capaz de se opor à direção do Partido. Lembremos, a propósito, a menção à existência, em Moscou, de todo um "estrato intelectual--burocrático", a referência à persistência do aparato czarista, aos antigos funcionários que passavam a adquirir o "colorido comunista", aos membros da direção que agiam como um "chauvinista grão-russo". Assim, finalmente, Lenin localizaria o "mal burocrático" no interior dos aparelhos estatais e partidários. Mas quem são os burocratas? Por vezes, a burocracia nada mais é do que o velho aparato czarista, representado pessoalmente pelos antigos funcionários. Por vezes, os comunistas agem também como burocratas, vencidos, pela sua incultura, por aqueles a quem pensaram ter derrotado. Portanto, *a burocracia é uma fusão entre o velho e o novo, entre remanescentes das velhas classes e membros da nova elite dirigente.* É justamente esta combinação que aumenta a força da burocracia, que torna mais difícil destruí-la.

Esta força, que sobrevivia e se desenvolvia *dentro do novo regime,* talvez não pudesse ameaçar o monopólio do Poder pelo Partido, talvez não pudesse pôr em risco a estatização dos meios de produção, talvez não agisse no sentido da democratização do sistema político ou do pluralismo partidário, talvez não estivesse interessada no retorno do capitalismo e da "democracia burguesa" mas começava a ameaçar o controle do aparelho de Estado e da organização partidária por parte dos "velhos bolcheviques" (Recorde-se a metáfora do carro que não caminha na direção desejada pelo motorista).

Mas, já vimos, a burocracia é também sinônimo de ineficiência administrativa. Para entendermos as medidas sugeridas por Lenin na luta contra ela, os dois sentidos do termo devem ser retidos. Entendida no sentido administrativo, como um modo de proceder ineficiente, os bolcheviques deveriam lutar contra a burocracia adquirindo todo o saber administrativo da burguesia culta e progressista: deveriam ser bons administradores do Estado e da economia, preocupando-se mais com o saber prático do que com as discussões abstratas sobre os princípios do comunismo. Enfim, os bolcheviques deveriam ser "burocratas eficientes", deixando com isso, de serem burocratas no sentido pejorativo do termo.

Mas no que toca à burocracia entendida como um grupo ou camada social (como um "estrato") que tem interesses próprios, que se manifesta no interior do Partido e do Estado e se opõe às decisões da cúpula partidária, Lenin recomenda um amplo expurgo no Partido e a introdução de mais alguns operários nos organismos dirigentes. Depois da ampliação dos poderes do grupo dirigente, trata-se agora de reduzir seu número para melhorar sua qualidade. Na verdade, temos uma tentativa de *manter o controle da máquina partidária nas mãos da "velha guarda"*.

É a partir daí, da luta pela conservação do Poder, que se deve procurar o sentido, freqüentemente não explicitado, dos escritos de Lenin posteriores a Outubro, especialmente no que toca ao problema da burocracia. Desse ângulo, é possível distinguir três fases que se caracterizam em função dos diferentes tipos de adversários.

A *primeira* fase, que em termos cronológicos vai do assalto ao poder em novembro de 1917 ao fim da guerra civil, corresponde principalmente à *luta contra as velhas classes proprietárias*. Geralmente, quando se considera a

Revolução Russa, é a esse aspecto que se dá mais atenção, tanto de parte da historiografia soviética quanto da ocidental. Nesta fase, o Partido Bolchevique contou, em larga medida, com o apoio da população operária e camponesa na destruição da velha ordem.

Mas há uma *segunda* fase, que se intensifica depois da derrota da contra-revolução branca (1921). Trata-se, para os bolcheviques, de consolidar as posições adquiridas não mais tendo que enfrentar as classes proprietárias mas os partidos que concorrem com eles pela influência junto ao proletariado e o campesinato: cumpre eliminar os mencheviques, os grupos anarquistas e sindicalistas, e principalmente, os socialistas-revolucionários. Este é o momento em que Lenin declara que o inimigo principal é o "elemento pequeno-burguês". Este novo tipo de adversário foi vencido mediante a combinação de concessões e de repressão. Quanto às primeiras, tratava-se de agir no plano econômico através do NEP e do capitalismo de Estado, suprimindo-se as requisições forçadas de cereais e melhorando o abastecimento urbano, abrandando as pressões econômicas sobre as classes camponesa e operária. Quanto às medidas repressivas, o X Congresso (1921), buscando compensar o relaxamento no plano econômico, marcou não só a perseguição sistemática a todas organizações políticas rivais como a proibição da formação de facções dentro do Partido e a concentração das decisões nas mãos do Comitê Central. Um aspecto importante que distinguiria esta nova fase seria a tendência a se recorrer cada vez mais ao aparelho coercitivo do Estado em detrimento daquelas medidas que implicariam o ativamento da sociedade e das classes (partidos, sovietes, conselhos operários, sindicatos). Contra as velhas classes, os bolcheviques tinham se utilizado dos levantes camponeses, das ações operárias e da rebelião dos soldados para tomar o Poder. Em seguida, combinaram a pressão das massas (sindicatos, conselhos de fábrica, sovietes) com a utilização dos aparelhos repressivos do Estado (Tcheka, Exército Vermelho) para desmantelar as forças das velhas classes proprietárias. Contra o "elemento pequeno-burguês", passou-se a confiar unicamente na força dos aparelhos partidário e estatal.

A *terceira* fase é marcada pela luta contra um novo adversário. Existente desde o início, ele aparecerá a partir de 1922 como a única força a se opor aos bolcheviques. Agora, não se trata mais de derrotar a burguesia privada nem a pobreza, nem tampouco os demais partidos de Esquerda. Há um novo inimigo que se desenvolve *no interior* da sociedade soviética, que não se opõe à estatização dos meios de produção nem à instituição do partido único, mas que penetra e cresce nos aparelhos estatal e partidário e se opõe aos bolcheviques. Na obra de Lenin, este novo inimigo recebe o nome de "burocracia".

A partir de 1922, já não se trata apenas de garantir o Poder para o Partido Bolchevique, mas de manter os bolcheviques no poder *dentro do Partido*. É este objetivo que aparece subjacente na obra de Lenin, através da denúncia à "burocracia", na afirmação de que a política proletária do Partido decorre da velha guarda e não da massa de seus membros. A fim de que o Partido se mantenha no Poder e que os velhos bolcheviques mantenham o controle da máquina partidária é necessário não só à eliminação das forças políticas externas ao Partido mas também à concentração de toda a decisão nas mãos do Comitê Central e o expurgo geral da organização partidária. Mas esta luta em defesa das posições dos "velhos bolcheviques", contra os oportunistas e carreiristas, contra membros do Partido Bolchevique que se comportavam burocraticamente, deve ser conduzida sem provocar uma eventual mobilização das massas que pudesse pôr em risco a supremacia do Partido Bolchevique e, por extensão, do próprio Lenin.

Ocorre, contudo, que para se manter no Poder é preciso governar, é preciso, como afirmava Lenin, manter os operários vivos. Para dirigir o Estado e a economia, cumpre ampliar o número de membros da elite dirigente, cumpre recrutar novos quadros com novas habilitações, cumpre apelar para os técnicos e administradores da burguesia sem deixar que o comando da máquina escape das mãos dos bolcheviques.

Em novembro de 1917, aproveitando-se não simplesmente de uma crise política, mas do próprio esfacelamento do Estado e da estrutura do poder czarista, os bolcheviques, contando com o apoio das massas trabalhadoras, assaltam o Poder em Petrogrado e Moscou. O problema subseqüente é como manter o poder em mãos de um partido amplamente minoritário, que já não conta com o apoio das classes operárias e camponesas, e que, ademais, não possui as habilidades administrativas e empresariais para dirigir a sociedade e a economia.

Conservar o Poder significa não somente destruir as velhas classes, mas construir uma nova ordem, desenvolver as forças produtivas, administrar a máquina estatal. Assim, o Partido Bolchevique, que se apresenta como o partido do proletariado, deve atuar como a nova camada empresarial no desenvolvimento industrial, substituindo os antigos proprietários na direção das fábricas, os funcionários na administração do Estado, os generais na direção das Forças Armadas. Na verdade, *precisam agir como um partido dominante, mas apresentando-se sempre como o partido dos dominados.* O recurso à disciplina, à ordem, à repressão, ao taylorismo, às técnicas de administração do Ocidente, por um lado, a subordinação dos sindicatos ao Estado, a eliminação de toda democracia ("operária" ou "burguesa"), de toda forma de oposição dentro ou fora do Partido, devem ser realizadas em nome de ideais igualitários, democráticos e socialistas. O Partido, "vanguarda do proletariado", deve transformar-se na nova "elite do Poder".

Dirigente máximo do Partido Bolchevique, comprometido com a chefia do governo, Lenin é o iniciador desta passagem. É o homem que reclama a transformação dos comunistas em bons administradores, em homens práticos. Porém, está também comprometido com o passado, com o projeto revolucionário: o intelectual denuncia o político, o revolucionário acusa o burocrata, a análise desmistifica a ideologia. Expressão do início da transição, e de suas contradições, pode ser entendido como o "último revolucionário" ou o "primeiro burocrata".

Coleção ELOS

1. *Estrutura e Problemas da Obra Literária*, Anatol Rosenfeld.
2. *O Prazer do Texto*, Roland Barthes.
3. *Mistificações Literárias: "Os Protocolos dos Sábios de Sião"*, Anatol Rosenfeld.
4. *Poder, Sexo e Letras na República Velha*, Sergio Miceli.
5. *Do Grotesco e do Sublime* (Tradução do "Prefácio" de *Cromwell*), Victor Hugo (Trad. e Notas de Célia Berrettini).
6. *Ruptura dos Gêneros na Literatura Latino-Americana*, Haroldo de Campos.
7. *Claude Lévi-Strauss ou o Novo Festim de Esopo*, Octavio Paz.
8. *Comércio e Relações Internacionais*, Celso Lafer.
9. *Guia Histórico da Literatura Hebraica*, J. Guinsburg.
10. *O Cenário no Avesso*, Sábato Magaldi.
11. *O Pequeno Exército Paulista*, Dalmo de Abreu Dallari.
12. *Projeções: Rússia/Brasil/Itália*, Boris Schnaiderman.
13. *Marcel Duchamp ou o Castelo da Pureza*, Octavio Paz.
14. *Os Mitos Amazônicos da Tartaruga*, Charles Frederik Hartt (Trad. e Notas de Luís da Câmara Cascudo).
15. *Galut*, Itzack Baer.
16. *Lenin: Capitalismo de Estado e Burocracia*, Leôncio Martins Rodrigues e Ottaviano De Fiore.
17. *As Teses do Círculo Lingüístico de Praga.*
18. *O Texto Estranho*, Lucrécia D'Aléssio Ferrara.
19. *O Desencantamento do Mundo*, Pierre Bourdieu.
20. *Teorias da Administração de Empresas*, Carlos Daniel Coradi.
21. *Duas Leituras Semióticas*, Eduardo Peñuela Cañizal.
22. *Em Busca das Linguagens Perdidas*, Anita Salmoni.
23. *A Linguagem de Beckett*, Célia Berrettini.
24. *Política, Jornalismo e Participação*, José Eduardo Faria.
25. *Idéia do Teatro*, José Ortega y Gasset.
26. *Oswald Canibal*, Benedito Nunes.
27. *Mário de Andrade / Borges*, Emir Rodríguez Monegal.

Impresso
edições
GEP gráfica editôra penteado ltda.